组织行为形成与管理研究

姜舒文　著

中国出版集团　现代出版社

图书在版编目（CIP）数据

组织行为形成与管理研究 / 姜舒文著. -- 北京 : 现代出版社, 2021.8

ISBN 978-7-5143-9444-3

Ⅰ. ①组… Ⅱ. ①姜… Ⅲ. ①组织行为学－研究 Ⅳ. ①C936

中国版本图书馆 CIP 数据核字(2021)第 180396 号

组织行为形成与管理研究

著　　者　姜舒文
责任编辑　徐　苹
出版发行　现代出版社
地　　址　北京市安定门外安华里 504 号
邮政编码　100011
电　　话　010-64267325 64245264（传真）
网　　址　www.1980xd.com
电子邮箱　xiandai@vip.sina.com
印　　刷　北京厚诚则铭印刷科技有限公司
开　　本　880mm×1230mm 1/16
印　　张　10.5
版　　次　2021 年 8 月第 1 版　2021 年 8 月第 1 次印刷
书　　号　ISBN 978-7-5143-9444-3
定　　价　40.00 元

前 言

一般而言，组织中的人越多，管理工作就越复杂。尤其是在当今，随着组织系统日益复杂，管理思想在现代社会中发挥的作用也越来越重要。组织行为学作为一门研究组织中个体、群体、组织的行为特点和规律的学科，能帮助人们更好地管理各个层次的行为，进而达到组织目标。大致来讲，组织行为学除可以提升管理者的人际关系技能及用系统研究取代直觉经验外，还可以在现代管理中发挥以下四个方面的作用。

（1）开发员工潜能。在古典管理时期，资金、技术、设备在生产中占据重要的地位，因此管理者把管理重心放在充分利用这些生产要素上，而忽略了劳动者这个因素对生产效率的重要影响，对劳动者不够重视。现代社会的资金存量、设备都较充足，企业之间的竞争主要是技术的竞争，而这种竞争的本质是人的竞争，因此，能否激发人的积极性与创造性就成为组织兴衰成败的关键。组织行为学考虑到了这种变化，致力于了解员工的行为规范，激发人的积极性、主动性和创造性，从而帮助组织实现目标。通过对组织中个体的心理和行为及测定方法的研究，使领导者能够全面了解每个人的性格特点和能力，从而真正做到扬长避短、人尽其才、物尽其用，取得最佳的用人效益。

（2）提升员工的满意度和幸福感。一个浅显的道理是，世界上的一切事物都可以辩证来看待。在企业中，没有了雇员就不存在雇主；同样地，没有了雇主，也就谈不上存在雇员。因此，在运行过程中，组织的所有者不仅要保证自己的目标实现，如不断提高组织绩效等，同时，也要为员工创造条件，使员工乐于在组织中工作。组织行为的一个重要作用就是在关注如何提高员工工作绩效的同时，帮助提升员工的满意度和幸福感。

特别是在以“创新”和“人本”为主旋律的今天，关心员工的心理状态已经成为不可阻挡的大趋势。员工在组织中的人际关系与凝聚力不但对组织的生产效率具有重要影响，也会对员工的身心健康产生重要影响。通过对组织行为学的研究，可以更好地改善人际关系，增加员工的满意度和幸福感。

（3）提高领导水平。大家都知道，人体是一个完整的机体，不论是哪个器官出了问题，哪怕这个器官看上去不那么重要，都会让我们难受。例如，阑尾对人体来讲并不重要，但如果阑尾发炎的话，其难受程度会让人痛不欲生。

类似地，组织就像人的机体一样，也是一个完整的系统，组织正常运行也需要各个方面很好协调，而在组织中发挥决定性作用的就是组织的领导者。领导者的影响力与权威是领导决策得以实施的关键。组织行为学从领导者的影响力与领导者的行为角度研究高效的领导所应具备的行为，为组织中的领导力提供借鉴。

（4）组织变革和组织发展的推动力。每个人的一生都要经历出生、婴儿、幼儿、少年、青年、中年、老年和死亡的过程，这是自然规律，任何人都不能违背。类似地，任何一个组织通常也永远不可能存在下去，也会随着社会环境的变化而发展、变化甚至消亡。组织行为学的一个重要任务就是研究组织在不同的阶段所遇到的主要问题，并提出相应的对策措施。这些研究可以使领导者更好地理解组织的生命与发展的动力，从而使组织能够更好地适应周围的环境。

本书撰写时间比较仓促，加上作者水平有限，难免有不足之处，请读者谅解。

目 录

第一章　组织行为基本概述

第一节　组织行为概念界定

一、行为

所谓“行为”就是平常我们所说的“活动”。人的行为分为内隐的行为和外显的行为，内隐的行为即人的心理活动，如喜、怒、哀、乐等，外显的行为即人的举止动作，如表情、姿态、动作等。广义上，人的行为既指外显的行为，也包括内隐的心理。狭义上，人的行为常与心理相对应，专指外显的行为。在组织行为学中，行为的概念是广义的，指人的全部活动，既包括人内部的心理活动，也包括人外部的举止动作。

二、组织行为

组织本来是人造的，是人为了实现自己的目的，满足自己的需要而造出来的一种工具。然而组织一旦出现，它就反过来成为一种既定的力量，一种生活的前提，制约着人的一切行为，成为人的一种生存方式。在现代社会中，一个人是作为各种各样的组织成员而度过一生中绝大部分时光的：年轻时我们是学校里的学生，成年后我们成了公司里的职员，老年时我们又成了养老院里的病人等。在现代社会中，一个人的绝大部分需要也都只有通过与组织交往才能实现：我们在商场里购物，在企业里领薪水，在医院里看病等。所以，真正活生生的人都是组织中的人。人们常说，人的本质特征在于人是社会动物。其实，这也就具体地表现为人是有组织的动物。

既然人都是组织中的人，这就要求我们必须在组织这个条件下来认识人的各种行为。所谓组织行为，就是指在组织环境中人的行为。稍加留心我们就会发现，人的很多行为在组织环境中与个人独处时是不一样的。例如，一个爱睡懒觉的人，星期天可以睡到自然醒，但星期一必须强迫自己在早晨 7 点钟准时起床，9 点钟准时走进办公室，因为他在星期天是可以自由支配时间的个人，在星期一则是不能自由支配时间的组织成员。我们还会发现，人的某些行为是只有在组织环境中才会发生的，例如，激励下属工作的积极性、执行上级决策、协调人际关系、调整部门结构、建设组织文化等，都不可能是个人的行为。

第二节　组织行为学解读

一、组织行为学及其研究对象与学科特点

在初步了解了行为和组织行为的基础上，我们可以进一步界定组织行为学及其对象与特点。

（一）组织行为学

组织于人类是一种极为常见的社会现象。我们无论是什么人，最终都是某种组织中的人，我们无论做什么事，最终都要与某种组织打交道。也就是说，组织也是人类一种基本的生存方式。仅仅是从组织内部考虑，由于组织的存在，就必然会给我们带来两个方面的问题：一方面，人都是作为组织成员而生活在组织中的，因此组织必然会对组织成员有所影响，如组织的性质、目标、结构、规范、文化等会影响人的思想感情、价值观念、行为方式、工作效率等；另一方面，组织都是由作为组织成员的人所构成的，因此组织成员必然会对组织有所影响，如人的兴趣、态度、能力、性格、人际关系等会影响组织能否正常运作、实现目标、提高效率等。

由此可见，在早已高度组织化的现代社会中生活的每个人，特别是在一定组织中担当一定管理职责的人，要面对人，就必须考虑组织对这个人的影响，要面对组织，就必须考虑人对这个组织的影响。组织行为学就是这样一门专门研究组织条件下人类心理与行为规律的科学。所谓组织行为学，就是专门研究组织环境中人类行为规律及相应的调控方法的应用性管理科学。它是行为科学

的一个分支，也是管理科学的一个组成部分。

组织行为学在西方主要是作为一门应用性的管理科学而存在的。西方的管理专家们认为，任何管理都是对人的管理，都是由人来管理，这就要求管理人员必须懂得人类行为的规律，特别是在组织环境中人类行为的规律，因此所有的管理人员都应接受组织行为学的训练。从20世纪60年代起，美国人便在培训管理人员时加入组织行为学课程。例如，在美国哈佛商学院的MBA工商管理硕士课程中，组织行为学就是其中的主修课程之一，学习时间长达18周，并要接触大量的案例。在我国的工商企业管理、公共事务管理、人力资源管理等管理类专业中，组织行为学也都是作为专业课或专业基础课而开设的。

（二）组织行为学的对象

组织行为学是研究人类行为、揭示人类行为规律性的科学，然而人类行为是一种非常复杂的过程，其中有很多问题并不是组织行为学这一门学科所能够解决的。例如，人的性别会影响人的行为，一般来说，女性长于形象思维、相信直觉，男性长于抽象思维、相信理性，思维方式的差异必然会表现为行为方式的差异，而组织行为学当然解决不了人类性别问题，那通常是医学、生理学等学科关心的问题。即使是对那些组织行为学能够解决的问题而言，组织行为学也并不是唯一的手段和途径。例如，不仅可以从组织行为学的角度去研究人际沟通对提高工作绩效有何影响，也可以从信息论的角度去研究人际沟通的机制。这就是说，人类行为并不是组织行为学专有的研究对象，而是诸多学科共有的研究对象。这就有必要为组织行为学确定一个基本的研究范围。

那么影响人类行为的究竟有哪些主要因素呢？大致上，决定人类行为的有两个方面的因素：一是个人的、内在的因素，二是环境的、外部的因素。

决定人类行为的个人的、内在的因素，主要包括生理因素（如生理需要、生物节律等）、心理因素（如心理过程、心理个性等）、文化因素（如知识结构、修养自律等）三个方面。其中生理因素主要是医学、生理学等学科的研究领域，文化因素主要由教育、道德、艺术等来解决，属于组织行为学研究对象的主要是那些能够决定人类行为的心理因素。如组织行为学可以研究管理者如何根据人的气质类型、能力差异、性格特征等来为其安排最匹配的工作岗位等。

决定人类行为的环境的、外部的因素，主要包括组织环境（如组织的目标、结构、沟通、人际关系等）和社会环境（如社会的政治、经济、文化条件及各种社会关系等）两个方面。其中社会环境主要归社会管理、社会学、政治学、法律等负责，属于组织行为学研究对象的主要是组织环境。如组织行为学可以研究管理者采取何种激励措施才能充分调动员工工作的积极性、主动性和创造性等。

（三）组织行为学的特点

1.组织行为学的交叉性

组织行为学的交叉性是指组织行为学是综合运用管理学、心理学、社会学、人类学、教育学、政治学、系统论等多门学科概念、理论及研究方法的边缘性、综合性学科。组织行为学的这种交叉性主要是由于其研究对象——人类心理与行为的复杂性所决定的。以人为研究对象的学科有很多，这些学科从某一特定的角度和方面切入，具体地研究并揭示了许多关于人的规律性的认识。这对于我们正确、全面认识人有极为重要的意义。但将人划分为若干侧面，并相应地建立反映人类某一侧面特征的某个学科，这只是人们认识的角度和方法不同而已。人本身其实是一个有机统一的整体，并非几个方面的机械组合。因此从某一角度和方面去认识人是绝对必要的，但也肯定是不够的。我们还需要在以往对人不同角度和方面认识的基础上建立一些能够综合地、整体地揭示人类本质与规律的学科，从而形成对人的整体的、立体的、可能真实的、正确的认识。组织行为学就是这样的学科之一。对某一事物的认识从片面走向全面，从分析走向综合，这是人类认识深化和发展的必经途径和基本规律。不仅组织行为学本身的建立和发展是这样，这也是很长一个时期以来人类科学研究发展的一个总的趋势。组织行为学的这种交叉性，要求学习和研究组织行为学的人应该具备比较广博的知识基础与比较丰富的社会经验，以利相互借鉴、融会贯通，否则是难以取得好成绩的。

2.组织行为学的两重性

组织行为学的两重性是指组织行为学是自然科学与社会科学的统一、科学与艺术的统一。西谚云，人一半是天使，一半是野兽。此言虽有些简单、机械，但也多少反映了人区别于动物的特点：人是生理与心理的统一、生物人与社会人的统一，人性是本能属性与习得属性的统一、自然属性与社会属性的统一。当然这种统一绝非 1+1=2 的机械相加，而是你中有我、我中有你、相互渗透、有机统一的整体。研究对象的这种两重性决定了组织行为学的研究必须打破自然科学与社会科学的界限。它既需要从社会的角度去理解人的某些自然属性、生理活动的社会意义，如人的神经活动类型、血型等在选聘员工时有什么参考价值，也需要从自然的角度去研究人的某些社会属性、心理活动的自然基础，如为什么满足人的生存需要可以激励人的工作积极性等。因此组织行为学既不是传统意义上的自然科学，也不是传统意义上的社会科学，而是自然科学与社会科学相融合、相统一的新型学科。这点突出表现在研究方法上，它既关心人的理智，也关心人的情感，既有数学、系统论、统计学，甚至力学等实证研究、定量分析的理性工具，是一门是非分明、答案精确、严谨的科学，也有内心体验、情感宣泄、思想工作等诉诸感性经验、情感世界的感性方法，是一门体贴入微、善解人意、温情脉脉的可人的艺术。

3.组织行为学的实用性

组织行为学的实用性是指组织行为学在性质上属于应用科学。人类的科学知识，根据其目的及形态，大体可以分为理论科学和应用科学两大类。理论科学亦称基础科学，是指那些为人类认识世界提供概念基础、基本原理与认识工具的科学，如基础数学、一般系统论、理论物理学、理论社会学等。应用科学则是指将理论科学应用于具体认识与实践过程，从而提高认识与实践自觉性及效率的科学，如各种技术科学、工程科学等。理论科学与应用科学有着密切的关系。比如，所谓科学技术是生产力就包含着理论形态的科学首先要转化为应用形态的技术，其次技术才能物化为现实生产力的过程。组织行为学就是这样一门将社会学、心理学、教育学、政治学等社会科学、人文科学中的基础理论应用于组织管理实践的应用科学。组织行为学这种应用科学的性质决定了组织行为学本身的价值和我们研究组织行为学的目的不在于提供了多少复杂的公式，记住了多少拗口的人名，而在于转变观念、掌握方法，学会分析和解决实际问题，真正提高管理活动的自觉性与效率。

二、组织行为学的理论体系

组织行为学在产生与发展过程中，内容日益丰富，范围日益扩大，逐步形成了一个从个体、群体到组织整体，从微观到宏观，从内到外的理论体系。这一理论体系实际上是人类对组织行为认识过程的一个缩影，反映了从简单到复杂，从局部到整体的认识发展的客观规律，而不是若干研究领域的机械相加或任意堆砌。这也就是辩证法所谓逻辑的与历史的统一。既然如此，各种组织行为学的专著与教材在内容的安排上有相似之处也就不足为奇，因为这是学科的特点，而不是某一本书的特点。

三、组织行为学的研究方法

所谓组织行为学的研究方法一般有三种：一是组织行为学作为一门科学的研究方法，这主要是对组织行为学的科研工作者而言，如梅奥等人在霍桑研究中运用的谈话法等；二是组织行为学作为一种管理方法的实践方法，如公司人事管理人员在招聘员工时进行的能力测验等；三是组织行为学作为一门课程的教学方法，如组织行为学教学中经常采用的案例分析等。组织行为学比较常用的研究方法主要有案例研究法、观察法、测验法、调查法、实验法等。

（一）案例研究法

案例研究法是一种借助一定的实践经验与理论工具，通过对组织内的个体、群体或组织的某个变量或若干变量之间的相互关系做出描述、分析、判断和说明，从而发现问题、分析原因、寻求对策的方法。在这种研究中，研究人员和管理人员可以利用或不利用组织正式机构、制度、人员等，通过访问、谈话、调查、观察、档案分析等收集、记录组织有关个体、群体或组织的各种情况与数据，从中发现问题、分析原因、寻求对策，也可以提供给学生和有关人员研究、讨论和分析。

这种方法的优点是工具、方式、规模、深度等都比较灵活，因而科研人员和管理人员都经常运用这种方法。如企业文化理论中有一部名著《日本的管理艺术》，就是通过对日本的松下电器公司和美国的国际电报电话公司管理方式的研究，发现美国企业文化存在的问题。同时，由于这种方法特别贴近实际，很好地体现了理论与实践、知识与能力的统一，也成为组织管理专业教学中最常用的一种方法。如哈佛商学院培养 MBA 时就是采取高密度的案例教学（学生在两年内要分析 800～1000 个实际案例），使学生在两年内积累起在实际工作中可能要十几年甚至几十年才能积累起来的经验。这样培养出来的学生解决实际问题的能力要远远优于用从理论到理论的单纯课堂教学的传统方法培养出来的学生，因而特别受到学生和用人单位的欢迎，已为人们所普遍接受。在著名的商学院里都有自己庞大的并随时更新的案例库（哈佛的案例库拥有大约 3000 个案例，每年要更新其中的 1/3），能否拥有高质量的案例库已成为一所商学院办学质量的重要指标之一。

案例研究法的主要问题是，由于它描述、说明的是实际情况，变量很多，研究者本人分析问题的工具、角度及经验、立场、态度等主观因素也各不相同，因而所提出的解决问题的方案也总是多种多样的，并且由于现实问题是不可能完全重复与再现的，因而也很难证明答案的正确与否，因此研究结果的信度、效度和普遍性无法得到确切说明。

（二）观察法

观察法是指观察者以自己的感觉器官为工具，直接观察人们的行为，并通过对外在行为的分析去推测人们内在的心理状态的研究方法。现在许多研究也采用录像、录音等手段协助观察。如电视台搞“生活空间”一类节目就采取了类似观察法的方式。观察法是多种多样的，但大体有以下两种分类。

（1）根据观察者与被观察者的关系，可把观察法分为参与观察法和非参与观察法两类。观察者直接参与被观察者的活动，并在共同活动中进行观察的方法称为参与观察法。观察者不参与被观察者的活动，以旁观者身份进行观察的方法称为非参与观察法。这两种方法各有利弊。参与观察法的优点是研究人员以组织成员的身份去观察，使被观察者避免伪装，从而使观察到的资料较为可靠和有效，缺点是由于亲自投入观察对象的活动中，可能会影响到观察者本人观察的客观性。非参与观察法的优点是观察者本人立场较为客观，缺点是局外人的在场会使被观察者感到不自然，如若要使被观察者不知道是在观察他们的行为，还须创造一定的观察条件。此外，无论参与观察法还是非参与观察法，其信度和效度均会受到观察者本人的立场、目的、方法、经验、价值观、个性等的较大影响，这也是必须注意的。如观察应该尽量保持态度的冷静和立场的客观性，避免诱导等。

（2）根据观察情景的差异，可把观察法分为自然观察法与控制观察法两类。观察者在自然、真实的情景下观察他人的行为，也就是在被观察者不知道自己处于被观察的状态下的观察法叫自然观察法。观察者在设定的或可控的条件下进行观察，也就是操纵自变量的情况下进行观察，被观察者知道自己处于被观察状态中的方法叫控制观察法。自然观察法由于不操纵变量，在实际生活中观察人的行为，因而观察得到的结果更具典型性、客观性，更真实地反映了生活的本来面目，这是优于控制观察法的。但自然观察法由于不能控制自变量，有时难以确定被观察者的行为变化具体是由哪一自变量所引起的，这又不如控制观察法。

（三）测验法

测验法是一种采用经过大量验证的标准化的心理测量表或专门的测验仪器等，来测量被试者有关心理和行为特征的研究方法。管理实践中要客观、准确地了解一个人的智力水平、能力倾向、兴趣爱好、个性性格、成就需要等都可以运用测验法。

应用测验法要特别注意测验结果的信度和效度。所谓测验的信度即可靠性，它是反映测验结果准确性、真实性的指标。所谓测验的效度是指测验的有效性，即测验得到的结果是不是所要测定的心理与行为特征，或说测验结果能不能反映出研究者所希望得到的测验对象那方面的心理与行为特征。目前我国一些重要国家机关和大城市在招聘工作人员时除知识考试外，多已增加了心理测验方面的内容。要提醒大家的是：一应慎重选择测验工具，如某些外国的测验工具未必适合中国的国情；二应慎重选择测验人员，心理测验是对专业知识与经验要求极高的工作，同一工具由具备或不具备专业技能的人来使用，可能会得出完全不同的结果，如我国就出现过非专业人士将学生误定为弱智者的情况；三应慎重看待测验结果，测验结果与测验者及被测验者的许多主观因素有关，即使由同一对测验者和被测验者所做的先后两次测验，其结果也未必如自然科学的结果那样完全相同，如国外的测谎实验中就会有此次通过而彼次不能通过的情况；其四应慎重看待测验本身，测验是重要的和有效的工具，但不是唯一的工具，更不是万能的、排他的工具，而应与其他工具配合使用，如不应该以为有了心理测验，就可以取代或放弃从实际生活中来观察人、了解人。

（四）调查法

调查法主要是运用某种调查方法具体了解被调查者对某一事物的态度、感情、观点和满意度等。企业里经常用这种方法来调查员工对所在的组织和工作职位的满意程度、影响员工工作积极性的因素等。商业机构经常用这种方法来发现顾客喜欢购买哪些商品、不满意哪方面的服务等。国家也可以通过调查了解民意，为制定和修改某些政策提供依据。调查主要有直接面谈、电话调查和问卷调查等具体方法。

（五）实验法

实验法是研究者先假设一个或多个自变量对另一个或多个因变量的影响，然后设计一个实验，有控制改变自变量，最后测量这些改变对因变量的影响，从中发现规律性的问题。霍桑研究中关于照明对工作效率的影响就采取了典型的实验法。实验法又分为实验室实验法、现场实验法和准实验法三种。

综上所述，不同研究方法各有利弊，不存在万能的方法。究竟采用哪一种或哪几种方法最为适宜，应根据所要研究的问题、研究人员和被研究对象的不同情况，研究现场的不同条件等而定。此外，无论采用何种方法，都离不开对数据资料的统计分析及对其意义的解析。由于方法的选择、数据的处理、意义的解析都对最终结论的正确与可靠有着决定性意义，因而对研究人员有着较高的专业要求。

第三节　组织行为结构

一、组织结构及其要素

组织结构是指组织中相对稳定和规范的工作关系模式。通俗地说，组织结构解决的是工作中“人与人的关系”问题。我们常常会听到某某处从某某局里面剥离出去并组建为某某公司，或某某厂改制为某某企业集团之类的消息。这其中当然有隶属关系、名称、职能等的改变，但更为实质的是组织结构的改变。组织结构对组织而言是至关重要的，它是组织中人际关系的依托、信息沟通的渠道、实现目标的基础。具体地说，组织结构主要涉及工作职位专门化、工作职能部门化、管理层次、管理幅度、决策系统、指挥系统、规范化水平七个方面的问题。

（一）工作职位专门化与工作职能部门化

（1）工作职位专门化。工作职位专门化也可以简称为工作专门化或专门化，是指组织中将一个完整而复杂的工作任务分解为若干简单的操作单元，每一个单元由一个人独立完成。20 世纪初，美国企业家亨利 •福特（Henry Ford，1863～1947）是这样解决这个问题的：首先将复杂的汽车生产过程分解为一个个尽可能简单的动作单元，其次将这些动作单元分配给每一位员工，每一位员工只做一种简单而不断重复的工作，最后所有这些简单的工作前后衔接构成一条汽车生产的流水线，完成整部汽车的生产。工作职位专门化的优点是：其一，降低了员工的培训成本。由于只需不断重复极简单的工作，所以不必付出很高的代价就可以很快训练出完全满足生产需要的熟练工人。其二，降低了产品中的人力成本。员工的工资与其掌握的技能是成正比的，专门化使工厂可以大量使用工资较低的熟练工人而不是工资较高的技术工人，从而拓展了人力资源供给，有效降低了技术工人短缺和高工资对企业发展的制约。其三，提高了工作效率。由于工人反复进行同一种工作，熟能生巧，可以在提高产品数量的同时提高产品质量，从而大幅度提高工作效率。福特在利用这种方法使汽车进入寻常百姓家的同时，自己也积累了巨额财富，成为富甲天下的汽车大王。福特的成功使工作职位专门化成为现代工业化大生产的标准模式，在大半个世纪里风行于工业化国家，甚至工业以外的各个领域，如医院、学校、军队等也普遍采用了工作职位专门化。

工作职位专门化的缺点主要是完全从工作需要出发，缺乏人性考虑。所谓物极必反，正当高层管理者将工作职位专门化等同于流水线，将流水线等同于现代化大生产，将工作职位专门化当成降低成本和提高效率的法宝的时候，来自基层的质疑与抵制也在增加。一线普通员工抱怨过分简单、重复的工作十分单调枯燥，很容易使人厌烦、疲劳。基层管理人员抱怨人们正在失去对工作本身的热爱，完全把工作当成挣钱的手段，并因此而导致士气低落，积极性下降，缺勤率及流动率上升。

有研究表明，工作职位专门化的程度与工作效率之间不是简单的正相关关系。事实是，适度的专门化可以明显提高工作效率，但过度的专门化反而会降低工作效率，也就是说，随着专门化的提高，工作效率的变化类似一条先升而后降的抛物线。

（2）工作职能部门化。实现了工作职位专门化后，还需要根据各工作职位的特点，如功能、产品、区域等将员工进行组合，使若干职位集中为一个部门，以便对工作职位进行管理和工作职位之间相互协调与配合，这就是工作职能部门化或简称部门化。

（3）工作职位专门化与工作职能部门化的关系。工作职位专门化的特点是“分”，通过“分”来解决提高效率和降低成本的问题。工作职能部门化的特点是“合”，通过“合”来解决提高集中管理和相互配合的问题。二者之间是正相关的关系，一般来说，工作职位专门化程度越高即分工越细，则工作职能部门化程度也越高即部门越多，反之则相反。依靠工作职位专门化与工作职能部门化，组织在理论上可以完成任何复杂的管理和任何规模的管理。

（二）管理层次与管理幅度

（1）管理层次。管理层次是指组织中从最高决策层到最低操作层之间等级的数量。从道理上讲，管理层次可以是无限的，而且更多的管理层次可以帮助我们驾驭更大规模的组织，但管理层次过多也必然带来一些指挥与沟通方面的官僚病，如管理成本增加、管理队伍庞大、信息失真、沟通困难、适应性与反应速度下降等。

（2）管理幅度。管理幅度亦称控制跨度，是指组织中每一个上级主管可以有效地直接管理和控制下属的数量。管理幅度通常表现为一个工作群体的人数。从经验上来说，我们见到的工作群体，例如企业的一个组、机关的一个科、军队的一个班等，绝大多数是几个人到十几个人不等。实际上远在没有管理科学的古代，罗马军团和秦朝军队最小的作战单位也是五人至十人。从理论上来说，管理人员的时间与能力不可能是无限的，因此管理幅度也不可能过宽。古典管理理论的主要代表人物之一英国人厄威克曾提出过一个计算管理者需要协调下级关系数量的公式，根据这个公式，当管理幅度呈算术级增长时，管理者所需要协调的下级关系是呈几何级增长的。举例说，当管理幅度为二人时，需要协调的下级关系是六个，当管理幅度为十二人时，需要协调的下级关系是两万多个。我们姑且不论公式本身是否科学，但管理幅度不可能太大的道理还是可以理解的。

（3）管理幅度与管理层次的关系。管理幅度是组织内的横向关系，管理层次是组织内的纵向关系，二者是密切相关的。对同一个组织而言，如果组织规模是一定的，管理幅度与管理层次是密切相关的反比关系，即管理幅度越宽则管理层次越少，组织结构趋于扁平，反之管理幅度越窄则管理层次越多，组织结构趋于高耸。

管理幅度与管理层次的关系不仅是物质层面的关系，还与组织的管理哲学有关。因为管理幅度宽的扁平结构更倾向于分权管理，管理幅度窄的高耸结构更倾向于集权管理。虽然宽管理幅度的扁平式组织结构有可能减弱管理者对下属的控制与指导，但与窄管理幅度的高耸式组织结构相比的确有很多优点。主要是：降低了管理人员在组织中的比重，从而降低了管理成本；减少了管理层次，从而提高垂直沟通的效率；减少了管理人员对下属的约束，从而有利于发挥下属的积极性和创造性等。

管理幅度与管理层次不仅取决于管理者的意愿，还与任务的特点、员工及管理人员的素质、社会文化及管理技术等直接相关，例如，由于任务明确而稳定，管理天主教会这样一个庞大的组织，两千年来一直只有教皇、主教、神父、教徒四个层次，可以说是高度扁平化的。又如，依靠计算机及网络技术，加拿大银行可以同时直接管理分布于全国的几百个分行。

（三）决策系统与指挥系统

（1）决策系统。任何组织都要进行决策，因而都要有决策系统，类似人的大脑。决策系统的核心就是集权与分权的关系。有的组织中，决策系统重心较高，高层管理者制定所有的决策，低层管理者以及基层组织成员只是执行高层管理者的指示，称为集权式管理。也有的组织中，决策系统重心较低，低层管理者甚至基层组织成员都可以参与决策或自主决策，高层管理者采取比较放任的态度，称为分权式管理。

集权管理的优点是反应快、效率高，缺点是对高级管理者过于依赖，不利于发挥集体智慧的优势，不利于下属的成长；不利于发挥下属的积极性和主动性。分权管理的优点是低层管理者以及基层组织成员由于有了更多的参与机会而焕发出更多的积极性和主动性，能集中更多组织成员的智慧与经验；缺点是容易失控，内部协调的负担比较重。

集权的特点是“一”，利用集中权力来提高效率，分权的特点是“多”，利用分散权力来调动下属参与。集权与分权是一对永远不可能完全解决的矛盾，封建社会几千年来的各种政治、经济、社会改革，从管理模式上来看，其实都是在集权与分权之间摇来摆去找平衡。集权多一点的时候，成功了，大家就赞“千古一帝”；失败了，大家就贬“独夫民贼”。分权多一点的时候，成功了，大家就赞“开明君主”；失败了，大家就贬“懦弱无能”。但总的来说，现代社会是越来越倾向于分权管理的。在具体的管理实践中，西方常常用临时性、可收回的授权来解决集权与分权的矛盾，而在我国则大多采取基层民主、高层集中，前期民主、后期集中的民主集中制的形式来解决集权与分权的矛盾。

（2）指挥系统。无论是集权式组织结构，还是分权式组织结构，都必须有一条自上而下贯通的、畅通高效的命令链，即指挥系统，类似人的神经系统。指挥系统的作用是，对上，保证每一个上级都政令畅通，直达组织的每一个成员；对下，保证每一个下属都有唯一的上级，避免政出多门、一仆二主。

指挥系统的特点是“通”，所谓政通人和。指挥系统不能有梗塞、盲点、交叉重叠，否则就会像人发生神经错乱一样，组织也会发生瘫痪、混乱、内耗，一切无从谈起。

（3）决策系统与指挥系统的关系。决策系统与指挥系统的关系类似人的大脑与神经系统的关系，决策系统是神经中枢，直接决定着决策的水平，指挥系统是神经网络，支配行动器官，直接决定着决策的贯彻和实现。没有好的决策系统，组织就像一个愚笨的巨人，指挥系统越强大就越具有破坏性。没有好的指挥系统，组织就像一个瘫痪的病人，再好的决策也不能有效贯彻，会出现执行力方面的问题。

（四）规范化水平

规范化是指组织中工作的标准化、制度化、程序化程度。在规范化水平高的组织中，组织成员的工作内容、工作范围、工作的质量与数量标准、工作时间、工作方法与手段、工作关系等都是明文规定的，成员没有，管理者也不希望成员有上述方面的自主权。管理者追求同样的成员以同样的方式进行工作并得到同样的工作结果。在这种组织中通常会有严谨而明确的工作责任制度，严格的督促、检查及奖惩制度，详尽的操作方法说明书等。我们平常所说“管理比较严、比较细、比较规范”的组织，如麦当劳公司，就属于规范化程度高的组织。在麦当劳公司厚厚的员工手册约束下，每只汉堡包的重量、大小、发酵时间与烘烤时间、肉饼老嫩等都有极其严格的规定，从而保证了在全世界成千上万的麦当劳店中我们吃到的都是质量、味道完全相同的汉堡包。与此相反，在规范化程度较低的组织中，一般制度比较粗放而灵活，成员自己处理问题的权限比较宽。我们平常所说“比较宽松、比较自由”的组织就属于规范化程度低的组织。

规范化可能是管理模式、管理风格、管理哲学的问题，例如要是按照麦当劳的办法来管理中国的名厨肯定是不行的，但也可能是管理水平的问题，例如快餐连锁经营不过是烤个面包、炸个薯条，但全世界真正做得成功的不过就那么几家而已。懂得了规范化的含义后，我们就应该明白“一张组织结构图不等于一个公司”的道理：挂在公司主页上的组织结构、压在办公室主任办公桌玻璃板下面的组织结构不一定是组织实际运行的现实的组织结构。要真正了解一个组织的结构，除专门化、部门化、管理层次、管理幅度、决策系统、指挥系统等有形的硬件外，还必须了解规范化水平这个无形的因素，否则就真的成了纸上谈兵。

二、组织结构的基本类型

比较常见的组织结构主要有以下几种类型。

（一）直线式结构

直线式结构亦称简单结构，是一种只有垂直的指挥系统，而决策完全由最高管理者独立承担的单线式结构，属于典型的集权式结构。

直线式结构的优点是由于高度集权，所以组织结构简单、职责清楚、机动灵活、反应灵敏、效率高。

直线式结构的主要缺点，其一是由于高度集权，因而组织工作绩效对管理者个人的心理素质、能力、业务水平及精力、体力等的依赖性强，不利于发挥下属的主动性和积极性，自主意识与创造意识比较差；其二是由于员工、部门只对上负责，相互之间缺乏横向沟通机制，合作意识比较差。

直线式结构从适应性上看，一是比较适合规模小、层次少、业务单一而稳定、工作程序化程度高的组织，如家庭企业、家族企业、小型商店、连锁店等；二是比较适合必须集中指挥、反应迅速的组织，如军队、消防队、足球队等。另外，通过增加管理层次和管理幅度，直线式结构也可用于大型组织的管理，如军队的一个师、一个军等。

（二）职能式结构

职能式结构是为克服直线式结构对管理者的过分依赖而设计的。其特点是在直线式结构的纵向指挥系统之上增加一个横向的职能系统，分担最高管理者的部分管理职能，称为职能部门，形成一种既有垂直关系，又有水平关系，多重领导的复线式结构，属于典型的分权式结构。

职能式结构的优点是专业化水平高，职能部门既有职，又有权，利于发挥职能部门专家的工作积极性。

职能式结构的主要缺点：一是多头管理，政出多门，由于“上面千条线，下面一根针”，常常令下属不知所从；二是职能部门由于权限交叉重叠，往往有利时争权夺利，有事时推诿扯皮。

职能式结构从适应性上看，比较适合业务复杂、管理负荷比较沉重的组织。这种结构在企业中不多见，但政府机构对社会及企业的管理体制与此相近。

（三）线职综合式结构

线职综合式结构是为了兴直线式结构与职能式结构之利，除直线式结构与职能式结构之弊，而将直线式结构与职能式结构综合起来。但实质上这是将横向的决策系统和纵向的指挥系统分开，收回职能部门的对下指挥权，将其变为纯粹的对上参谋机构，从而割除了职能式结构的复线管理，恢复了直线式结构的单线管理。

线职综合式结构的优点是相对完善：既有直线式结构权力集中的优点，又有职能式结构职能分担的优点，既避免了直线式结构最高管理者负荷过重的缺点，又避免了职能式结构多头管理的缺点。

线职综合式结构的缺点主要是管理机构庞大，用人较多，因而缺乏灵活性。

（四）矩阵式结构

上述各种结构的共同之处在于比较强调组织内部关系的规范化以及上级对下级的集中统一控制，因而也被称为官僚结构，优点是关系明确、职责清楚，缺点则是比较僵化，缺乏灵活性，有一个臃肿的管理层。在变化缓慢的传统社会中，官僚结构是最完美的组织结构，但在变化迅速、竞争激烈的现代社会中，官僚结构的僵化和臃肿就让人无法容忍了，而且这种僵化和臃肿不是管理水平问题，而是官僚结构本身固有的缺陷，绝不是喊两句打倒官僚主义的口号就可以解决得了的。为了更好地适应市场竞争，美国在 20 世纪 50 年代开始出现，六七十年代开始流行一种高度灵活的矩阵式结构。

矩阵式结构的特点是有两套指挥系统或说两条命令链，一是项目管理系统，简单地说是管“事”的系统，二是业务管理系统，简单说是管“人”的系统，两套系统相互交叉，生成一个可聚可散的矩阵。举例说，某建筑公司的业务不像银行、商场、机关那样稳定，而是时轻时重、时忙时闲的，那就可以打破僵化的固定结构，将人员分成两套，一套是业务专才，可以根据其业务专长划入相关职能部门（或业务部门），如工程师进入工程部、会计师进入会计部等，另一套是项目通才，根据能力与需要划入相关项目部门（或任务部门），如项目经理部 A、项目经理部 B 等。首先，总经理给项目经理下达承揽工程的指令，项目经理承揽到工程后根据工程需要向总经理提出组建项目经理部的用人计划。其次，总经理根据核准后的用人计划，向业务主任下达人才调配指令，业务专家进入项目经理部，投入工作。最后，工程完成，业务专家回到业务部门，返回平时状态，项目经理部解散。

矩阵式结构的一个优点是反应灵活，每个项目组都可以根据实际需要来灵活确定和调整人员的组成，完全是因事找人，杜绝了人浮于事、因人设事之类的官场病。另一个优点就是在整个组织范围内实现业务部门专家的人力资源共享，避免了部门人才垄断和浪费。

矩阵式结构的一个缺点是结构比较复杂，特别是双重领导的机制使组织成员职责模糊，那些比较喜欢规范化的组织成员会感到不知尊重哪方面的领导更重要，并由此感到压力的增加，管理者的权威也因此而下降。另一个缺点是这种临时性结构难以形成归属感，因而工作群体的凝聚力也比较弱。

矩阵式结构高度灵活的特点使它在当今竞争激烈、市场变化迅速的大背景下特别受欢迎，所以 20 世纪五六十年代矩阵式结构在美国曾风行一时，许多大公司都利用矩阵式结构对组织进行了改造。但进入 20 世纪 80 年代后，对矩阵式结构的批评也有不少。我国科研领域中的课题组、生产领域中的项目经理制等均属典型的矩阵式结构。

（五）事业部结构

事业部结构亦称集团式结构。当组织规模特别庞大，业务特别复杂时，为提高工作效率，常常会组建总公司、企业集团之类的超大型组织结构，下辖若干子公司或事业部之类的二级、三级机构。

事业部结构主要有两个特点：一是总部与事业部两级结构。部分管理职能保留在最高管理层，实行集权管理，称为总部，部分管理职能分解到基层，实行分权管理，称为事业部。二是各事业部内部根据各自需要可以灵活采取各种结构。如某企业集团下属有各自独立发展、互不隶属、自负盈亏的研究院、家电部、电脑部等事业部。研究院因业务灵活多变采取了矩阵式结构，而家电部与电脑部则采取了利于集中控制的线职综合式结构等。事业部结构的出现主要是为了适应超大规模企业集团和多元化经营的需要。因为，企业规模太大了以后，如果继续沿用官僚结构，必然出现命令链过长，指挥失灵的问题；企业多元化经营以后，也不可能找到一种适用于所有业务领域的组织结构。

（六）团队结构

团队结构的特点是管理者对团队实行放权，在团队内部打破部门界限与职位界限，鼓励团队成员的自主管理、自主决策和相互合作。有些小型组织可以完全采取团队结构，而在某些大型组织中，则常在一定层次、一定范围内采取团队结构，作为对整个官僚结构的补充。

（七）虚拟结构

虚拟结构通常有两种：一种是指组织的工作能力、管理范围等超出了组织的现实边界。在“贴牌生产”“授权经营”这类情况下，那些获准“贴牌生产”的生产企业，如以 OEM 方式生产某著名品牌计算机的厂家，或那些获准“授权经营”的商业企业，如某些彩照扩印连锁店，均属授权组织的虚拟部分。虚拟部分本身与拥有知识产权的授权组织间并无隶属关系，而是独立的企业，但其生产经营已纳入授权组织的管理。这时就可以将授权组织的整个管理体系称为虚拟组织结构。另一种则是在计算机网络上实现的。如某网站可以通过链接建立起一个虚拟的医院等。

三、组织结构的设计与选择

从上述分析来看，每一种组织结构都有自己的适用范围，也有自己的局限性，并不存在什么最佳的、普适的组织结构，管理实践中应该根据组织的实际情况来选择和设计最适合自己的组织结构。具体地说，要特别注意组织成员的特征、组织发展战略、组织规模、组织技术特征和组织外部环境等因素。

（一）组织成员的特征

组织成员本身的个性、习惯、能力、素质等特征与组织结构有重要关系。一般来讲，那些喜欢确定性和秩序、依赖性或指挥欲较强的组织成员更适应集权式组织结构，在分权式组织结构中他们会感到压力和无所适从，而那些喜欢创造性、自主意识强的组织成员则更适应分权式组织结构，在集权式组织结构中他们会感到压抑、约束，工作满意度低。

（二）组织发展战略

组织结构不是我们所追求的终极目标，它不过是管理者为达到组织目标所使用的手段，而组织目标又是组织总体发展战略所决定的，因此组织结构必须服从组织发展战略。大致上可以将组织发展战略分为创新战略、成本最小化战略和模仿战略三种类型。

采取创新战略的组织崇尚创新，追求领导潮流，力图通过创造领先科技和开拓新的市场来实现组织发展。SONY、英特尔、3M、苹果等高新技术企业均属此种发展战略。这种组织适合采取职位专门化程度比较低、规范化程度比较低、结构比较松散、管理相对宽松的分权式组织结构，以便为组织成员留下更多的创新空间。

采取成本最小化战略的组织通常通过提高效率、降低成本、扩大市场份额、薄利多销来实现组织发展。可口可乐、麦当劳及大部分低技术含量的普通日用品制造商均属此种发展战略。这种组织适合采取职位专门化程度比较高、规范化程度比较高、控制严密、管理严格的集权式组织结构，以便集中统一的控制与管理。

采取模仿战略的组织试图将上述两种发展战略的优点结合起来，它希望靠新技术、新市场赚钱，但又不愿意承担太大风险，往往要在新技术、新市场的潜力已被证实，前景已经明朗时迅速跟进、大量投资，通过将成本最小化战略运用于新技术、新市场，从那些虽进入市场更早，但成本高、市场份额小的创新战略组织手中争夺市场。模仿战略并不是一个贬义词，IBM、松下这样的大公司都深谙此道。这种组织在将上述两种战略相结合的同时，也应注意将上述两种组织结构结合起来。

（三）组织规模

组织规模对组织结构也有重要影响。不难想象，对于拥有几十万员工、业务机构遍布全国甚至海外的中石油、中石化这样的超大型组织绝不可能将所有员工装进一间办公室并由一个人来管理，它必然采取专门化程度高、部门化程度高、规范化程度高的组织结构。而一家刚刚创业、只有 5 个人的小电脑公司恐怕每个人都要拳打脚踢、无所不做，绝不能说我是公司财务经理，所以我不能参加出货，其专门化程度、部门化程度、规范化程度都会比较低。

（四）组织技术特征

组织技术特征是指组织将资源转化为产品的手段，如一汽集团是靠将钢铁变为汽车赚钱，人民日报是将消息变为报纸赚钱。一般来说如果采用常规性技术，即比较成熟、稳定、通行的技术，则适合专门化程度、部门化程度、规范化程度比较高的集权式组织结构，而采用非常规性技术，即手段灵活、标准化程度低的技术，则适合专门化程度、部门化程度、规范化程度比较低的分权式组织结构。

（五）组织外部环境

组织所面临的外部环境，如供应商、顾客、竞争对手、政府管理机构、公众等也会对组织结构有一定影响。如果环境相对稳定，如有稳定的供应商和顾客，没有出现新的竞争对手，政府政策比较稳定，则适合相对稳定的组织结构。如果环境不确定、不稳定，如没有稳定的供应商，顾客群体和口味经常变化，经常出现新的竞争对手，政府政策不断调整且缺乏连续性，则适合能够灵活应变的组织结构。

第四节　组织行为文化

一、组织文化的实质

（1）作为社会现象的组织文化。既然人造的东西都可以称为文化，那么组织也是一种文化。因为组织并不是某种纯粹自然的东西，而是人造的东西，是人们为了达到某种共同的特定目标而结成的一种人际关系系统。人类从个体的角度来说是一个比较弱小的物种，为了能更有力地认识世界和改造世界，人类很早就结成了部落、氏族等组织，后来又有了国家、军队、企业、学校等越来越发达的组织。从这个意义上说，作为社会现象的组织文化是一种与人类共始终的古老现象。

（2）作为管理理论的组织文化。虽然作为社会现象的组织文化古已有之，但作为新型管理理论的组织文化则是很年轻的事物。它始于 20 世纪 70 年代末至 80 年代初。古典管理理论从诞生到 20 世纪 70 年代末期，已经近一个世纪了。一方面，经过近一个世纪的发展，传统管理理论的方法已经非常精致完善，没有多少潜力可以挖掘了，那么能不能在传统管理理论资源之外再找到什么新的管理理论资源，来替代或补充传统管理理论的不足？另一方面，经过近一个世纪的发展，管理实践也有了巨大的变化，许多曾经行之有效的管理工具与方法，在当今已经不那么管用，不那么够用了，那么能不能在传统管理工具与方法之外再找到什么新的管理工具与方法，来替代或补充传统管理工具与方法的不足？例如，作为古典管理理论的代表，泰罗的管理通俗说就是“胡萝卜加大棒”，所谓“胡萝卜”就是更多的物质报酬，所谓“大棒”就是更严格的管理制度。可是今天，从物质报酬上说早已不是多几个美分就能让工人玩命的泰罗时代，工资往低说再低也不敢低过法定最低工资，往高说有人已经给雇员开出成百万上千万美元的年薪，你的“胡萝卜”还能高到哪里去？从管理制度上说，就算普通又简单的考勤环节，都有人已经连指纹识别、虹膜识别这样的高科技都用上了，你的“大棒”还能再严到哪里去？再说，如今是知识经济、资本时代，对脑力劳动光靠硬性制度的外在约束而没有内心世界的心悦诚服是解决不了问题的。所以 20 世纪 70 年代末至 80 年代初，一批管理学家从管理实践中概括出了一种被称为“组织文化”的新型管理理论与方法。从这个意义上说，组织文化实质上是特指相对于传统管理理论与方法而言的，以软性管理为特征，以精神管理为对象，以自我管理为目的的新型管理理论与方法。

二、组织文化的结构、形态与内容

（1）作为社会现象的组织文化的结构与形态：如果把组织文化看作一种社会文化现象，那么它与整个社会文化是完全一样的，也区分为文化意识、文化创造、文化成就三个层次，表现为精神文化、行为文化、制度文化、物质文化四种形态。这些层次、形态之间相互作用、相互影响、互为因果，所以我们用双箭头表示它们的关系。

（2）作为管理理论的组织文化的结构、形态与内容。作为管理理论的组织文化与作为社会现象的组织文化，在结构与形态上基本相同，也区分为文化意识、文化创造、文化成就三个层次，表现为精神文化、行为文化、制度文化、物质文化四种形态，但在内容上更自觉，有更明确的目的性、针对性和系统性，因而更完整，更具体，可操作性更强。

（3）组织文化的表与里、本与末。在组织文化的结构上，我们还可以进一步将隐于内的文化意识和文化创造归结为内在的层次，称为组织文化的“里”，而将形于外的文化成就归结为外在的层次，称为组织文化的“表”。“里”是组织文化的“本”，“表”是组织文化的“土”。

我们之所以将组织文化区分为内在的和外在的两个层次，并强调内在的层次是“里”和“本”，主要是反对组织文化研究与建设中“本”“末”倒置，甚至有“表”无“里”的错误倾向，即只注重做表面文章，忽视练“内功”的形式主义。我们把“里”作为组织文化的根本，依据是：

其一，组织文化理论产生的背景表明，提出并强调价值观、宗旨、作风等软性因素在管理中的作用是组织文化理论的初衷。组织文化理论源自企业文化理论。20世纪70年代，美国及整个西方的经济都陷入衰退，唯独日本经济一枝独秀。这刺激了一批美国学者，他们对美日经济进行了对比研究，发现在经济发展的几乎所有条件上日本都不如美国优越，因此日本经济能搞得比美国更好，唯一的原因是日本的管理比美国更先进。进一步表明，日本企业的管理的确与美国有所不同，他们更重视一些似乎属于“文化”方面的软性因素，例如价值观、信念、道德、作风、忠诚、敬业等。于是美国学者们认为这是一种利用文化来进行管理或说把文化作为管理手段的先进管理理念，是日本企业能打败其他国家企业的秘密武器，进而呼吁美国企业放下架子，向日本企业学习企业文化。可见，组织文化理论之所以产生，就是因为它关注以往管理理论所没有关注的软性因素。如果将组织文化的软性因素与硬性因素相提并论，甚至认为建设组织文化就是搞看得见、摸得着的表面文章，那就完全错了，违背了组织文化研究的初衷。

其二，经典的组织文化理论的具体内容表明，组织文化理论与传统管理理论的区别就在于是否懂得价值观、宗旨、作风等软性因素在管理中的决定性地位和作用，在被公认为企业文化理论经典著作之一的《日本的管理艺术》一书中，作者提出，管理包括七个要素：策略（strategy）、结构（structure）、制度（systems）、人员（staff）、作风（style）、技巧（skills）、最高目标（superordinate goals）也就是价值观。为了方便记忆，作者特意用了七个以 S 为词头的词汇，并称为“7S”。这七个 S 包括三个“硬性 S”策略、结构、制度和四个“软性 S”人员、作风、技巧、价值观，并结成一个以价值观为核心的有机的“7S 管理分子”。他们发现，所有杰出的公司都能够牢牢掌握住策略、结构和制度，但是比较不成功的公司完全依赖此三者，而最优秀的公司对四个“软性”的因素也有很深刻的认识。因此，最优秀的公司在考虑他们的目标和达成目标的方法时，除了采用利润和效率等经济标准之外，还要考虑到“人的价值观”。他们认为，对于管理的因素，美国人往往只从传统的美国文化和管理角度去观察它们，而把“软性”的因素当成空洞的泡沫，却不知道“泡沫”具有整个太平洋的威力。可见，经典的组织文化理论也意在强调传统硬性管理手段以外的软性因素。

企业文化的观念代表了一种全新的视角和全新的管理哲学，为美国管理学界吹入了一股清新之风，也为渴望“新式武器”的美国企业界带来了希望之光。因而一经提出，立即得到了广泛的响应，并随之出现了一个崭新的管理学派——企业文化学派。一时间，企业文化理论可以说是诸家蜂起、众说纷纭。在 1981～1982 年的短短两年里，美国管理学界就接连推出了《Z 理论》《日本的管理艺术》《追求卓越》《公司文化》四部专门探讨企业文化的力作，被誉为代表这股管理新潮的“企业文化四重奏”。

三、组织文化的功能

组织文化真的有那么神奇吗？它在组织管理中到底能起什么作用呢？凡事都有两面性，组织文化的功能包括组织划界、组织认同、行为准则、控制手段等积极的功能和保守倾向与排外倾向等消极的功能。

（1）组织文化的积极功能。其一，对外组织划界。组织文化对外可以起到组织心理边界的作用，使不同的组织之间相互区别、保持自我。当今世界是一个开放的世界，不同组织间的接触、交流、融合等必然越来越丰富而深刻。在这种情况下，一个组织，特别是一些实力、规模上相对弱势的组织，如何才能保持自我，不要迷失，根本就在于这个组织有没有强有力的文化，再单纯倚靠高墙深院、厚门大锁是没有用的。其二，对内组织认同。组织文化对内可以使组织成员感到组织不是一个生硬的机构，而是一个活的有机体，在组织中除了经济利益、物质活动以外，还有自己认可和遵循的价值观念，有自己的感情寄托，有自己的事业和未来，从而可以使人产生归属意识，用文化的纽带使组织凝聚为一个整体，增强组织的稳定性。在充分发育的市场经济条件下，封建时代的人身依附与个人效忠不起作用了，计划经济时代的员工单位所有制与档案、户籍管理失效了，猎头公司开出的薪酬永远比你付得起的薪酬更高，那么你还能靠什么来凝聚员工呢？只有文化上的认同。就好比犹太民族，在上千年的时间里，他们连国土都没有，但这个弱小的民族却没有消亡，靠的就是对犹太文化的认同。其三，下属的行为准则。由于组织文化的存在，组织成员不再是单个的个人，而是信守共同价值观念的整体，人们不再只注重个人利益，还要考虑组织的整体利益，不再只注重作为独立的个人“我想怎么做”，更要考虑作为组织成员“我该怎么做”。中国人过去把这种自我约束称为“良心”，并认为良心是某种先天的东西。其实这种自我约束就是一种作为组织成员的文化上的自觉。就好比一个在国内很随便的人，出了国门会约束自己的言行，因为他有“我是中国人，别给中国人丢脸”的自觉。其实出了国门，别说组织上的监督没有了，甚至连个熟人都没有，谁能管你呢？自己管自己而已。这也就是儒家学说所倡导的“慎独”。其四，上级的控制手段。就像道德，对于个人是自我修养，对于社会则是管理手段。组织文化对个人而言是文化意识，对于组织管理者而言就是一种软性的控制机制。在社会生活中，有法律约束的地方，人们依法办事，法律约束不到的地方，人们凭良心、道德感和价值观办事。对于组织管理而言，制度化的硬性管理只能控制人的外部行为，而且真正巨细无遗的制度实际上是不存在的，组织文化的软性管理则可以通过对组织成员内心世界的控制，达到一种自觉、自愿、主动的境界。

（2）组织文化的消极功能。其一，纵向的保守倾向。这是下属行为准则与上级控制手段的消极面。组织文化是一种传统，一种根植于组织成员内心世界的行为方式。它的形成是需要时间的，而一旦形成要想再改变它也是非常困难的。按照传统办事被认为是天经地义的、正常的，违背传统或改变传统会被理解为是背叛的、反常的。当组织生存环境相对稳定、组织本身也健康发展时，这种传统作为维持现状的力量具有积极意义。但当组织生存环境发生了重大变化或组织绩效严重下降，必须通过变革与创新来提高组织的适应性与生存能力时，人们会发现，组织文化是一种惰性的、保守的力量，而且组织文化越是一种强势文化，"解冻""创新""挑战传统"等就越是困难。其二，横向的排外倾向。这是对外组织划界与对内组织认同的消极面。组织文化具有排异倾向，任何人要被组织所认可和接纳，就必须顺应和接受这个组织的固有文化，否则就会被视为"异类"，就要承受来自全体成员的巨大压力，直到融入或退出为止。当组织需要共同奋斗、加强团结时，这种作用可以使整个组织"万众一心"，但当组织因缺乏生机和活力，必须从外部引入异质文化时，人们就会体验到排外倾向的消极作用。许多从资产、技术、市场等方面看起来非常理想的企业虽然资本并购成功却始终貌合神离、同床异梦，原因往往就在于此。

四、建设组织文化的意义

（1）跨越式赶上世界先进管理水平。首先要承认，在管理方面，整体看来我们与世界先进水平确实有相当大的差距。例如，曾经有一段时间，我们上至中央，下至企业，都在推崇并推广一种被称为"满负荷工作法"的管理，其实也就是泰罗制而已。这种在西方早已成为管理 ABC，甚至已经开始被质疑的管理理念，在我们这里居然还有那么多的管理者不知道，居然还在提高劳动效率方面起了那么大作用，我们管理的实际水平可想而知。在这种情况下，如果我们还沿着西方管理理论的百年发展史亦步亦趋地追赶，只能越赶差距越大，根本无法满足我国经济社会跨越式发展的需要。因此直接接触最先进的管理理论，跨越式赶上世界先进管理水平，应该是引进、推广组织文化理论最重要的意义。

（2）弥补我国硬性管理手段的先天不足。我国与发达国家先进企业搞组织文化建设的出发点是不同的。他们是因为传统硬性管理手段已经极其精致，潜力挖尽，希望在传统硬性管理手段之外再找到什么灵丹妙药。我们恰恰是在传统硬性管理手段不足，又要与发达国家先进企业同场竞技的情况下，希望利用软性管理来弥补硬性管理手段的先天不足。这好比同是给士兵做思想政治工作，美国人是在给了士兵最优厚的待遇、最先进的武器，士兵还是士气不振之后，于是总统亲自乘驾战斗机降落航母，给士兵打气，而我们恰恰是因为必须以小米加步枪的落后装备，打败装备精良的政府军和侵略者，于是平时特别重视培养一不怕苦、二不怕死的顽强作风，战时特别重视指挥员振臂一呼“共产党员跟我来”的先锋带头作用。

（3）整合我国思想政治工作的经验、传统、机构和人员资源。西方人过去在企业里是没有专门机构与人员搞组织文化建设的，思想工作一般由社会上的心理医生和神职人员来做，所以日本企业聘请心理医生，建出气室的时候，很多人是感到很新奇的。而在我国的企业中，特别是在国有企业中，负责思想政治工作的专职机构与人员可称叠床架屋，做职工思想政治的经验与传统更是源远流长。我们完全可以通过组织文化建设，一方面解决多头管理之间资源整合、形成合力的问题，另一方面解决思想政治工作与经营管理两张皮、相互脱节，甚至相互掣肘的问题。

（4）发掘、利用我国传统文化的宝贵财富。我国是历史悠久的文明古国，不仅有积淀深厚的传统文化，而且有内圣外王、重视德治、强调修养的社会管理理念和经验。所以若讲法制传统、民主意识等，中国人不是最有资历的，但若说起组织文化建设来，相信我们应该是最有发言权的。

第二章　组织行为的形成与发展

第一节　组织行为的发展历程

一、霍桑实验和梅奥的人群关系理论

20 世纪 20 年代，位于美国芝加哥郊外的西方电器公司下属的霍桑工厂，是一家制造电话机的专用工厂。工厂具有较完善的娱乐设施、医疗制度和养老金制度，但是工人们仍然有很强的不满情绪，生产效率很低。为了探究原因，1924 年 11 月，美国国家研究委员会组织了一个由多方面专家组成的研究小组进驻霍桑工厂，对该工厂的工作条件和生产效率的关系进行考察和实验。这次著名的研究活动可以分为两大阶段：第一阶段是从 1924 年 11 月至 1927 年 4 月，主要是在美国国家科学研究委员会赞助下进行；第二阶段是从 1927 年至 1932 年，主要是在美国哈佛大学教授梅奥的主持下进行。整个实验前后分为四个阶段：照明实验、继电器装配工人小组实验（福利实验）、大规模访问交谈（谈话实验）和对接线板接线工作室的研究（群体实验）。

（一）照明实验（1924 年 11 月至 1927 年 4 月）

照明实验的目的是研究照明对生产效率的影响。实验前，专家小组以泰勒的科学管理作为指导思想。他们认为，工作的物理环境是影响工作效率的主要因素之一。专家们选择了两个工作小组：一个为实验组，另一个为控制组。前者照明度不断变化；后者照明度始终不变。研究者企图通过实验知道照明强度的变化对生产的影响。实验开始后，当实验组的照明度增加时，该组的产量开始增加；当工人要求更换灯泡时，而实际上只给他们换了一个同样光度的灯泡，但产量继续增加，与此同时，控制组的产量也在不断提高。

研究人员在这次实验结束时的报告中说：“这次实验的结果，两组的产量

均大大增加，而且增加量几乎相等，两个组的效率几乎也没有多大差异，纵然有些微小差异，也属于误差范围之内。因此，仍然不能确定改善照明对于工作积极性的影响。”通过实验，专家们发现照明度的改变不是效率变化的决定性因素，照明度影响生产的假设被否定了。

研究人员还从工作报酬（集体工资和个人计件工资）、休息时间、工作日和工作周的长短等方面进行了实验，实验结果表明，这些条件的变化与生产效率之间并不存在明确的因果关系。研究人员感到毫无意义，纷纷退出实验小组。霍桑实验陷入困境。1927 年，梅奥率领的哈佛实验小组连同电气公司的人员成立了一个新的研究小组，开始了霍桑实验里程中更为艰辛的跋涉。霍桑实验的第二阶段从此开始。

（二）福利实验（1927～1932 年）

专家们选择了 5 位女装配工和一位划线工，把她们单独安置在一间工作室内工作。研究小组专门派了一位观察员加入这个工人小组，负责记录工作室内发生的一切。研究人员告诉这些工人，实验不是为了提高产量，而是为了找出最合适的工作环境，要求工人们像平时一样工作。

实验时，研究小组分期改善工作条件。例如，增加工间休息，公司负责供应午餐和茶点，缩短工作时间，实行每周工作五天，等等。这个小组的女工们在工作时间内还可以自由交谈，观察员对她们的态度非常和蔼。这些条件的变化使产量不断上升。一年半以后，研究小组决定取消工间休息，取消公司供应的午餐和茶点，每周又改为六天工作，结果产量仍然维持在高水平上。

是什么原因使这些女工提高了生产效率？研究小组把可能的因素一一排列出来，提出了五个假设：

（1）改善了材料供应情况和工作方法；

（2）改善了休息时间，减少了工作天数，从而减轻了工人的疲劳感；

（3）改善了休息时间，从而减缓了工作的单调感；

（4）增加产量后每人所得的奖金增加了；

（5）改善了监督和指导方式，从而使工人的工作态度有所改善。

研究小组对这五个假设逐一进行论证实验。最后，推翻了前四个假设，认为第五个假设可能性最大。研究人员进一步调查了解后发现，原来是实验时管理人员对工人态度较和蔼，工人之间的关系比较融洽，工人能够在友好、轻松的氛围中工作，从而激发了劳动热情。研究小组决定进一步研究工人的工作态度及可能影响工人工作态度的其他因素。

（三）谈话实验（1928～1931年）

实验进行到第三阶段，研究小组进行了大规模的访问交谈。他们共花了2年时间对2万名职工进行了访问交谈。在访问过程中，访问者起初提出的问题，大都是一些“直接问题”，例如工厂的督导工作及工作环境方面的问题。虽然访问者事先声明，将严格保守秘密，请工人放心，可是受访者在回答问题时仍然遮遮掩掩，存有戒心，怕厂方知道，自己受到报复，谈话总是陈词滥调，无关痛痒，后来改用了“非直接问题”，让受访者自行选择恰当的话题，这样职工在回答问题时，反而无所顾忌了。通过交谈，了解工人对工作、环境、监工、公司和使他们烦恼的所有问题的看法，以及这些看法是如何影响生产效率的。

经过这些研究发现，影响生产力最重要的因素是工作中发展起来的人群关系，而不是待遇及工作环境。研究小组还了解到，每个工人的工作效率的高低，不仅取决于他们自身的情况，而且还与他所在小组中的其他同事有关。任何一个人的工作效率都要受到同事们的影响。同时，这次大规模实验还收到了一个意想不到的效果，就是在这次谈话实验以后，工厂的产量出现大幅度的提高。研究者经分析认为，这是由于工人长期以来对工厂的各项管理方法有许多不满但无处发泄，这次实验，工人无话不谈，发泄了心中的怨气，由此而感到高兴，因而使产量大幅度上升。研究小组决定进行第四阶段的实验。

（四）群体实验（1931～1932年）

在第四阶段实验中，研究小组决定选择接线板接线工作室进行研究。实验者为了系统地观察在群体中人们之间的相互影响，在车间里挑选了14名男工，其中有9名接线工、3名焊接工和2名检查员，在一个专门的单独房间里工作。研究小组对他们的生产效率和行为持续观察、研究了6个月后，有了许多重要的发现。实验开始，研究者向工人说明：他们可以尽量卖力工作，报酬实行个人计件工资制。研究者原以为，这套奖励方法会使职工努力工作。但是结果出乎意料，产量只保持在中等水平上，工人绝不愿因超额而成为“快手”或因完不成定额而成为“慢手”。当达到定额产量时，他们就自动地松懈下来，因而小组产量总是维持在一定的水平上。原因何在？

（1）大部分成员都故意自行限制产量。工人们说：“假如我们的产量提高了，公司就会提高工作定额，或者造成一部分人失业。”有的工人说：“工作不要太快，才能保护那些工作速度较慢的同事，免得他们受到管理阶层的斥责。”

（2）工人对待他们不同层次的上级持不同态度。对于小组长，大部分工人认为他是小组的成员之一；对于小组长的上级——组长，认为他有点权威；对于组长的上级——领班，每当他出现时，大家都规规矩矩，表现良好。这说明，个人在组织中职位越高，所受到的尊敬就越大，大家对他的顾忌心理也越强。

（3）成员中存在一些小派系。工作室中存在着派系，每一个派系都有自己的一套行为规范，派系的成员必须遵守这些规范。如果违反规范，就要受到惩罚。这种派系是非正式组织，这种组织并不是由于工作不同所形成的，而是和工作位置有关系。这种非正式组织中也有领袖人物，他存在的目的是对内控制其成员的行为，对外保护自己派系的成员，并且注意不受管理阶层的干预。

这一实验表明，工人为了维护班组内部的团结，可以抵御物质利益的引诱。梅奥由此提出“非正式群体”的概念，认为在正式组织中存在着自发形成的非正式群体，这种群体有自己的特殊规范，对人们的行为起着调节和控制的作用。

研究小组在霍桑工厂进行了历时 8 年的研究，获得了大量的第一手资料，为人群关系理论的形成以及后来的行为科学的发展打下了基础。

霍桑实验的各个不同阶段引导人们严肃地对工人本质和工作的一系列广为流行的假设提出疑问。从这个事例中，第一，清楚地揭示了工人不是简单的“经济人”，不能单靠支付工资来调动其积极性；第二，认识了个人的态度对决定行为的重要性；第三，表述了管理人员如何发挥作用等同于士气和生产率的重要性；第四，表述了完成组织目标和工人对小组或团体满意感的重要性；第五，解释了在这个实验以前很少有人知道的工作团体中非正式组织对完成组织目标的影响。

霍桑实验的重大贡献在于，它不同意泰勒把人看成“会说话的机器”或人的活动只受到金钱的驱使，霍桑实验认为人是“社会人”。霍桑实验的另一个重大贡献在于它发现并证实了“非正式组织的存在”，这种“非正式组织”有其特殊的行为规范、感情倾向，控制着每个成员的行为，甚至影响整个正式组织的活动。霍桑实验所取得的一系列成果经梅奥归纳、整理、总结，于1933年发表，即《工业文明中人的问题》，并由此提出了著名的人群关系学说理论。因此，霍桑实验是组织行为学得以产生的里程碑。

二、梅奥的人群关系理论

梅奥出生于澳大利亚，1899年在阿得雷德大学取得逻辑学和哲学的硕士学位后，在昆士兰大学教授逻辑学和哲学。后来赴苏格兰学习医学，并参与精神病理学的研究，后移居美国。从1926年起，他应聘于哈佛大学，任工业研究方面的副教授，随后带队参加了霍桑实验。梅奥的代表作是《工业文明中人的问题》，在这本书中，他总结了亲身参与并指导的霍桑实验及其他几个实验的初步成果，并阐述了其人群关系理论的主要思想。梅奥的人群关系理论的内容主要有下面几点。

（一）工人是“社会人”而不是“经济人”

科学管理把人当成“经济人”，认为金钱是刺激人们工作积极性的唯一动力。梅奥则认为，人是“社会人”，影响人们生产积极性的因素，除了物质以外，还有社会和心理方面的因素，人们需要友情，需要受人尊敬，需要安全，等等。

（二）企业中存在着非正式组织和正式组织

梅奥认为，人是“社会人”，在企业的共同工作当中，人们必然相互产生关系，由此就形成了一种非正式团体。在该团体中，人们形成共同的感情，进而构成一个体系，这就是非正式组织。非正式组织形成的原因很多，有地理位置关系、兴趣爱好关系、亲戚朋友关系、工作关系等。总之，这种非正式组织确实存在，它在某种程度上左右着其成员的行为。

在正式组织中，以效率逻辑为其行动标准，为提高效率，企业各成员之间保持着形式上的协作。在非正式组织中，以感情逻辑为其行动标准，这是出于某种感情而采取行动的一种逻辑。一般来说，管理人员的逻辑多为效率逻辑，而感情逻辑可以被认为是工人的逻辑。

梅奥还认为，非正式组织对企业来说有利有弊。它的缺点是可能集体抵制上级的政策或目标，强迫组织内部形成一致性，从而限制了部分人的自由并限制了产量等。它的优点是，使个人有表达思想的机会，能提高士气，可以促进人员的稳定，有利于沟通，有利于提升工人们的自信心，能减少紧张感，在工作中能够使人感到温暖，增强协作程度，减少厌烦感等。

作为管理者，要充分认识到非正式组织的作用，注意在正式组织的效率逻辑与非正式组织的感情逻辑之间搞好平衡，以便使管理人员之间、工人与工人之间、管理人员与工人之间搞好协作，充分发挥每个人的作用，提高劳动生产率。

（三）生产效率主要取决于职工的工作态度以及他与周围人的关系

梅奥认为，提高生产效率的主要途径是提高工人的满足度。即要力争使职工在安全方面、归属感方面、友谊方面的需求得到满足，而这些需求是因人而异的，主要取决于两方面的因素：

（1）职工的个人情况，包括由于不同的经历、不同的家庭生活和不同的社会生活所形成的不同的态度。

（2）工作场所情况，包括职工相互之间、职工与领导者之间的人群关系好坏。

梅奥认为，职工的满足度越高，士气就越高，从而生产效率也就越高，管理人员应该深刻认识到这一点，不但要考虑职工的物质需求，还应该考虑职工的精神需求。人群关系学派的诞生，标志着组织行为学的诞生。

（四）企业应采用新型的领导方法

新型领导者要注意倾听工人的意见并进行有效沟通，组织好集体工作，要设法使正式群体的经济目标同非正式群体的社会性需求取得平衡。领导者在了解工人合乎逻辑的行为的同时，还需要了解其不合乎逻辑而出于感情的行为，使企业的每个成员能与领导真诚合作。

19 世纪末到 20 世纪初，随着机器生产规模的扩大和社会化程度的提高，以及资产阶级盘剥工人的加剧，工人运动进一步发展，劳资矛盾日趋尖锐和激化。在这种情况下，西方一些管理学家已察觉到以往的管理理论对人的因素重视不够，他们从提高劳动生产率的目的出发，试图寻找新的管理办法。人群关系学说的中心思想是强调重视“人性”，即要把工人当作人而不是当作机器对待，主张对工人进行“友善的监督”，使工人保持很高的“士气”。人群关系学说的出现，使西方管理学家开始重视企业中对人的因素的研究，为管理工作和管理理论开辟了新的途径，同时为行为科学的产生提供了契机。

三、组织行为学的产生与发展

任何一门科学都不是某位哲人主观臆想出来的，而是有一个漫长的萌芽、产生与发展的历史过程。组织行为学的产生和发展，也经历了一个漫长的理论准备和实际应用的演变过程，具有丰富的理论基础。行为科学作为科学理论经过了“近代管理理论”“人群关系理论”“行为科学”三个阶段。

组织行为学是随着组织的演变、管理理论的发展而产生的，是组织演变和管理理论发展的必然结果。西方对于组织行为学发展方向的形成有重要影响的理论，可以追溯到亚当·斯密和查尔斯·巴贝奇等人那里。从那时起，人们开始真正重视对组织管理理论的研究，管理思想从经验直觉进入了比较系统的研究。

从19世纪到20世纪30年代中期，最初的一般管理理论开始形成。这一时期的重要人物是泰勒、法约尔、韦伯、福莱特和巴纳德等人，他们奠定了当代管理实践的基础。泰勒的科学管理原理将精确化和标准化引入了工作中；法约尔则界定了所有管理者执行的一般职能以及构成良好管理实践的原理；韦伯则从结构化的角度来研究组织及其管理活动，并提出了理想的行政组织模型。以泰勒为代表的科学管理学派，虽然在当时把企业管理提升到了一个新的水平，为现代管理理论奠定了基础，但是，其把管理工作的重点放在提高生产率、完成生产任务方面，对人的感情、积极性的充分调动根本不予考虑，并且把人看成单纯的“经济人”，一切活动都出于经济动机，只强调个人的作用，反对集体行为。法约尔、韦伯等人研究的出发点也是“如何管理人”，在组织结构上的基本倾向是独裁式的管理，只强调组织形式，而不尊重人格；只强调成文法律规定，而不允许根据客观的变化做任何灵活的处理。

无论是泰勒、法约尔，还是韦伯，他们都忽视了一点：人是所有组织中的核心，是具有社会性的动物。而福莱特和巴纳德是两位看到组织中人的社会性一面的重要性的理论家。他们的观点产生在科学管理之后，但是在 20 世纪 30 年代之前，并没有受到多大程度的认可。

福莱特是最早承认应该从个体和群体行为两个角度来看待组织的学者之一。她提倡以人为本，认为组织应该建立在团体道德而不是个人主义的基础上，管理者的工作就是协调群体，使其付出努力。管理者要领导下属，不仅要依靠正式职权，更要靠专业技能和知识。福莱特的人本主义观点对如何看待激励、领导行为、职权等都有影响。事实上，日本的组织管理风格正是根植于福莱特的思想之上。

巴纳德将组织看作需要人际合作的社会系统。他认为，组织由具有相互作用的人组成，管理者的主要作用是沟通、激励下属使其愿意付出高水平的努力。在巴纳德看来，一个组织的成功主要依赖于从其员工中所获得的合作程度；同时，他也注意到和组织外的、与组织有定期联系的机构和人员维持良好关系的重要性。

开始于 1924 年，最后不断扩展、延伸到 20 世纪 30 年代的霍桑实验，对组织行为学中的人际关系问题产生了非常深远的影响。这时，关于组织人性方面的观点是：行为与情感紧密相连，组织的力量显著地影响着个人的行为，群体内标准决定着单个工人的产量，与群体内标准、群体感情、安全相比，金钱是决定产出的次要因素。学者们普遍认为，霍桑研究对组织行为学和管理实践的发展方向产生了巨大的影响，它开辟了组织管理研究的新领域。人群关系理论（human relation theory）从此闻名于世，成为行为科学研究的先声。

在进行霍桑实验并提出人群关系理论的前后，美国正陷入 20 世纪 30 年代初期的经济危机。这时企业忙于应付危机，因而霍桑实验的结论未能引起太多的关注。到了 20 世纪 30 年代中期，美国国会被迫通过了《全国劳动关系法》，有较大影响力的工会组织也相继成立，劳资关系发生了某些变化。人际关系的影响随之扩大，一些大学设立了相应的课程。

此后，更多的管理学者、专家开始专注并致力于对人的行为的研究，自然科学和社会科学方面不断取得的新成果，又促进了这一研究进程，从而导致行为科学这一新兴学科在20世纪40年代末50年代初正式形成。

1949年，在美国芝加哥大学召开的一次跨学科讨论会上，第一次提出行为科学的名称。1953年，美国福特基金会召集哈佛、斯坦福、密歇根、北卡罗来纳等大学的学者开会，正式把这门综合性很强的学科定名为“行为科学”，它主要涉及对组织中员工的行为及其原因的研究，包括员工的需要、动机、个性、情绪，特别是人群之间的相互关系，等等。从这时起，行为科学取代了人群关系理论。以此为标志，行为科学学派逐渐成为管理理论的主流学派。

从20世纪60年代中期开始，行为科学的一个重要的发展方向就是组织行为学，它的内容主要涉及企业组织内的人和群体的行为。其特点是，既注意人的因素，也考虑组织的因素，如工作任务、组织结构等，在一定意义上，它是人群关系学派和组织理论的综合。随着这一学科的研究从个体到群体再到组织的演变，其研究和实验的机构也发生了变化。这门学科从各个大学的心理系转到了管理学院（或商学院），并开始由原来的管理心理学（或组织心理学、工业心理学）改为“组织行为学”这一名称，并沿用至今。现在美国的管理学院中，几乎所有研究行为的小组都被称为“组织行为学小组”。

进入20世纪80年代，组织行为学又进一步分为微观组织行为学和宏观组织行为学。微观组织行为学主要研究个体和群体心理与行为的发展规律。宏观组织行为学主要研究组织心理与行为的发展规律。

当代几乎所有组织行为与管理理论都以权变理论为基础，也就是说，它提供了各种依赖于情境因素的建议。近年来，组织行为学研究中最热门的主题是激励、领导行为、工作设计和工作满意度方面的理论。尽管20世纪60年代和70年代新的理论有所作为和发展，但重点还是放在对现有理论的充实完善、澄清先前的假设以及判别相关的权变变量上。作为一门日益成熟的学科，组织行为学现在的发展重点是对现有理论的完善。

第二节　组织行为管理面临的挑战与变革

一、组织行为管理面临的挑战

人类历史上经历了三次技术革命，第一次技术革命使蒸汽机技术大发展，第二次技术革命推动了电力技术的广泛应用，第三次技术革命就是目前的电子信息技术革命。每一次大的技术变革都会引起管理方式的重大变革。20 世纪 80 年代以来，随着信息技术和全球化的发展，原有的企业管理方式经历了一轮改革的浪潮。随着知识经济时代的到来，管理对象、工作条件和环境都发生了很大的变化。随着这些变化，组织行为学研究的重点发生了很大的变化，面临新的机遇和挑战。

迈入 21 世纪以来，组织所处的环境一直在发生着变化，信息技术飞速发展，知识经济和网络经济日益兴起，全球经济一体化使得企业间竞争日益激烈，行业结构日益分化，员工向多元化发展，企业承担越来越多的社会责任，组织面临的环境越来越呈现复杂性和动态性特点。在这样的大背景下，组织行为学面临着哪些挑战呢？组织行为学的研究者要为这些变化提出哪些解决方案呢？

挑战一：如何改善产品质量、提高生产率？

管理者面对越来越激烈的竞争，为了提高竞争力，不得不削减开支、提高组织的生产率、提高产品质量、改善服务，这要求管理者重新思考有关组织设计、员工参与、变革计划制订等问题。组织行为学将为管理者处理这些问题提供启示性建议。

挑战二：如何改善人际技能？

企业管理者如何做一个有效的倾听者？如何提供及时有效的反馈方式？如何精于授权？如何创建有效的团队？这些问题越来越受到现在的管理者和将来的管理者的关注。组织行为学在提高和开发人际管理技能方面提供了理论和实践上的支持，为解决以上问题提供帮助。

挑战三：如何对多元化的劳动力进行管理？

劳动力多元化是指员工的构成在性别、种族、国籍方面越来越多样化。组织在面对具有不同的生活方式、家庭状况和工作风格的员工时，需要采取不同的政策。劳动力多元化对管理实践意义重大。管理人员需要改变他们的管理哲学，承认差异，并以能够保证员工稳定和提高生产率的方式对差异做出反应。

挑战四：如何进行授权？

员工开始在组织中承担决策的责任，与管理者之间的角色界限变得模糊不清。决策制定被推到了操作层，在这样的环境中，员工对自己工作的控制程度越来越高，他们可以自由选择工作日程、程序，解决与工作有关的问题。管理者需要学会如何放松控制，员工需要学会如何对自己所做的工作承担责任及如何恰当地做出决策。

挑战五：如何激发和应对变革？

现在变革已经成为组织发展的常态，这需要管理者和员工不断获取新的知识和技能以满足新的工作要求。变革的环境需要组织提高变革水平，组织必须鼓励革新，掌握变革的艺术，维持灵活性，不断改善质量，通过持续不断地革新产品和服务来赢得市场竞争的胜利。员工对革新和变革发挥着重要的作用，管理的任务是刺激员工的创造性和提升其对变革的认可度，使员工成为变革的推动力。组织行为学需要为此提供丰富的观点和技术，帮助组织实现这些目标。

挑战六：如何应对员工对企业的忠诚度减弱？

从 20 世纪 80 年代中期开始，为了适应全球性的竞争、不友好的接管、收购和兼并等问题，公司开始摒弃传统的工作稳定性、资历和报酬政策，应对政策发生了一系列变化，这直接导致员工忠诚度的急速下降。组织行为学所面临的一个重要挑战就是为管理者设计出能够调动忠诚度不高的员工的工作积极性的方法。

挑战七：如何改善道德行为？

如今，组织成员越来越发现自己面临着道德困境。所谓道德困境，是指需要决定什么是正确的行为和错误的行为的情境。近年来，区分正确的行为和错误的行为的界限变得模糊不清。管理者对此做出了一系列的回应，以应对组织面临的道德困境。如今的管理者需要为员工创造一种有道德并且健康的气氛，在这样的气氛中，员工可以全力从事自己的工作，尽量减少碰到模棱两可情境的机会。

二、组织行为管理的变革

（一）信息共享

网络化不仅带来了管理难题，也为信息共享创造了机会。全球经济竞争加剧，要求企业最大限度地利用内外部资源，整合资源满足顾客的需求；不仅如此，企业还需要为顾客创造需求并予以满足，还要与顾客建立起长期稳定的客户管理关系以降低经营风险和成本。这就需要企业内部实现水平和垂直的信息共享。在外部，企业要与环境高度共存、共享信息。比如，电商企业的兴起，无论是美国的团购鼻祖 Groupon 还是 eBay，都极其依赖互联网。企业可以增强内外部管理的网络研发，在互联网平台上扩展服务于顾客的能力，扩展服务部门的能力，维系与其他企业的伙伴关系。

（二）鼓励创新

在组织逐渐扁平化的客观条件下，组织行为学要更加偏重于创新性组织的研究。欧美企业大多采用扁平化组织，例如全球最大的搜索公司 Google。组织的扁平化使得谷歌成为创新的、革新的、灵活的组织。还有一些大公司如西尔斯、播音等也在推行削减成本计划，并裁减了上千个工作岗位。可以看出，当今的扁平化组织要想获得成功就必须鼓励创新，运用创新的产品吸引消费者，赢得市场竞争力。

（三）勇于变革

未来应对越来越灵活的组织，需要建立一个更适应环境的弹性组织。更具弹性的组织要求组织不墨守成规，随时成立或解散项目团队，以提高组织竞争力和工作效率。当今的管理者和员工都必须适应组织的灵活性，要学会在不可预测的环境中生存和发展。因此，组织行为学也要注意对组织变革方法的研究。

（四）适应差异

在劳动多元化的今天，为了与不同类型劳动力有效地共事，管理者必须弄清并了解文化环境。随着全球化的推进，不同肤色、不同母语、不同文化背景的人将在同一个办公室中工作。不可否认的是，在组织工作活动中，不同文化背景的人共同工作肯定会出现一定的组织冲突。如何解决文化上的碰撞也是当今管理者需要解决的问题。

（五）不断学习

全球化的今天，由于企业的目标市场和工作范围的日益扩大和延伸，组织中的员工可能要处理更多的国际事务，与非本国的人交谈。日益增多的海外任务也会成为工作内容里不可缺少的一部分。这要求员工不断提升学习技能，适应全球经济信息大爆炸的工作环境。

同时，组织行为学研究更加关注国家目标。在跨国公司和国际合资公司的比较研究、科技投入的行为研究、失业指导研究、劳动力多元化、国家金融安全等方面，均取得了可观的经济效益。目前组织行为学家把组织作为开放的社会—技术系统来看待和研究，研究领域已经突破传统框架，涉及管理培训与发展、工业业绩评价、管理决策、组织气氛和组织文化、跨文化比较等新领域。

（六）防止人才流失

为了防止人才流失，组织行为学要考虑到对员工的关爱，即提升员工的满意度。其中，关注员工的生活质量是现在很多组织的选择，在这样的现实下，组织行为学研究除了秉承强调生产率的传统之外，要更加关注工作生活质量。组织行为学认为强调生产率与强调工作生活质量并不相互排斥。如果工作生活质量不令人满意，则很难实现高生产率；相反，高的生产率是拥有改善工作生活质量所需资源的先决条件。组织行为学越来越重视有关工作满意度、雇员安全与健康、组织文化、组织承诺、心理契约、压力管理、工作家庭平衡等方面内容的研究。

（七）全面管理

管理者在组织未来的运作与管理中不能忽视人口老龄化这一国情，需要改变组织活动以满足年老者的需求。同时，当年轻的员工因为年老的同事尚未退休而感到发展受到阻碍时，管理者还要思考如何激励他们。不能恰当对待员工的管理者将会面临无人可管理的风险。针对人口老龄化不断加剧这一现实，企业如何处理两代人的矛盾，如何在解决退休问题的同时很好地维护年轻员工们的应得利益成为关键。这都是组织行为学在当下需要创新的地方。当然，解决人口老龄化对组织的压力，还需要政府进一步建立和完善符合国情的老年社会保障体系。

（八）加大约束力度

面对道德挑战，管理者应该努力为员工创造一个健康的氛围。企业应该对员工的职业道德、个人品质等方面进行全面系统的培训，对于组织中的不道德行为予以严厉的惩罚。同时，更要注重环保，重视企业的环保形象。对于公共部门（如政府和非营利性机构）的管理来说，也要发生很大的变化。变化一旦发生，就要有相应的理论指引管理实践，这就给组织行为学的研究提出了新的要求，要在原来的基础上增大对非道德行为的约束力度。

以上因环境变化带来的挑战与机遇都将促使组织行为与管理发生新的变革。企业组织只有迎接挑战，抓住发展机遇，实行权变管理，不断根据环境变化而变革，才能在激烈的竞争中立于不败之地。

第三章　基于个体行为的组织行为管理

第一节　人格管理

一、人格的定义

人格（personality）一词，最初源于古希腊语“persona”，原意是指演员在戏剧舞台上戴的面具，类似京剧中的脸谱，面具随人物角色的不同而变换，体现出不同角色的特点和人物性格。

人格的定义很多，从不同的角度出发，就会得出不同的定义。

西格蒙德·弗洛伊德将人格视为由三个层面所组成的动力系统，即本我、自我和超我。这三个层面也可对应分为三种人格，即自然人格、实有人格和道德人格。在弗洛伊德那里，本我包括所有的本能，受快乐原则的支配；自我是人格的控制部分，其职责是从事合适的环境活动以满足本我与超我的需要，自我受现实原则的支配；超我乃人格的道德部分，包括良知和自我理想两部分，超我永无止境地追求完善。健全人格乃是这二者的和谐统一。

奥尔波特(Gordon Willard Allport）提出的人格是指“个体内部身心系统的动力组织，它决定了个体对环境独特的调节方式”，是心理学的概念。

从管理学的角度来说，人格是个体所有的反应方式以及与他人交往方式的总和。它常被统称为一个人所拥有的可测量的人格特质。

综合地考察，人格是感觉、认知、情绪、价值及生化反应诸要素整合的产物，是个体在社会化过程中所形成的内部稳定而持久的动力组织。人格在社会生活中被结构化，受文化指令和社会赏罚机制的影响；同时，传统文化和超前的目的也在人格形成中起着作用。

二、影响组织行为的主要人格特质

（一）核心自我评价

为使人格特质能够更好地预测工作满意度和工作绩效，Judge、Locke 和 Durham 在综合了 8 个领域（哲学、临床心理学研究、临床心理学实践、工作满意度、压力、儿童发展、人格心理学以及社会心理学）的研究结果后首次提出核心自我评价这一人格概念，并将其定义为个体对自我能力和价值所持有的基本的评价，核心自我评价是一种总体自我评价，影响着对具体领域的自我评价。

一种特质能够成为“核心自我评价”的组成因子，需要满足三个条件：首先，该特质必须是评价性的，而非描述性的；其次，该特质必须是根源的，而非表面的；最后，该特质必须是宽泛的，而非狭窄的。

核心自我评价由自尊、一般自我效能感、神经质（情绪稳定性）以及控制点四个基本特质组成。这四个基本特质能够组合成一个潜在的、宽泛的结构。其中，自尊是个体对自身最广泛的核心评价；一般自我效能感是指个体在行动过程中是否感觉到自己有能力调配任务所需要的动机和认知资源；神经质是与自尊相反的消极情感，一方面指情绪稳定性，另一方面指调控自己情绪的能力；控制点反映个体在什么程度上认为自己能够控制生活中将要发生的事件。

（二）自尊

简单来说，自尊是人们对自己和自己能力的认可程度，也可以简单理解为人们喜欢或不喜欢自己的程度。自尊水平高的个体认为自己在任何时候都是有能力、有价值的人，可以应对绝大多数情境。自尊水平低的人则质疑自己的价值，怀疑自己的能力，经常担心自己不能胜任工作。关于自尊与组织中员工工作行为的研究显示，自尊影响人们对工作和活动的选择。自尊与对成功的预期呈正相关，自尊心强的人喜欢选择有挑战性和创新性的工作，愿意为自己设定更高的目标，相信自己拥有工作成功所必需的大多数能力，认为自己善于完成较为困难和复杂的任务。与自尊心弱的人相比，自尊心强的人在工作选择上会更为冒险，更可能选择那些非传统性的工作；而自尊心弱的人则比自尊心强的人更易受外界影响，更倾向于随大溜，乐于赞同他人的观点，取悦他人，希望从别人那里获得积极的评价。自尊心弱的人喜欢从事相对稳定、风险小的工作，更可能寻求他人的认同，更倾向于按照自己尊敬的人的信念和行为做事。从管理的角度来看，自尊心弱的人更注重取悦他人，他们很少站在不受欢迎的立场，而且自尊水平低并不影响他们的工作能力，高自尊的人更可能寻求地位高的职位，对实现高绩效更有信心，并且从个人成就中获得更大的内在满足；相反，低自尊的人更容易满足于低阶职位，对自己的能力缺乏信心，更注重外部的奖励。

（三）自我效能

自我效能是一个人认为自己有能力很好地完成任务的信心。自我效能高的个体坚定地相信自己可以出色地完成某一具体的任务，而自我效能低的人则怀疑自己。自我效能包括三个维度：水平、强度和广度。

能力的自我评估和人格都会影响自我效能，自我效能高的个体通常认为他们能干，可以应付各种不同的情境，表现出比其他人更高的自信，这种自信增强了他们完成任务的信念，令他们得以更加专注于绩效。自我效能感会影响人们对工作的选择，自我效能高的个体比自我效能低的个体更倾向于选择有挑战性的工作和职业，更愿意在工作时设置更高的目标，并且更喜欢处理较困难的工作。Gist 和 Mitchell 指出，自我效能与工作绩效、工作满意度、职业选择、学习和成就，以及学习新技术的能力等相关。大量的相关研究发现，自我效能高的人往往有较高水平的绩效。Bandura 和 Locke 的研究也证实了这些结论。他们发现当与目标相结合时，自我效能高的人往往具有更高水平的绩效和激励。

（四）控制点

控制点最早由心理学家 J. B. Rotter 提出，是指个体所认为的直接影响自己行为的原因，用来表征个人感觉在何种程度上能够控制自己的生活，即个人内部—外部倾向。如果个体认为自己能够控制自己的命运，就属于内控型；如果个体认为在他们身上发生的事情由外部力量，如运气、机遇等社会和自然条件的因素左右，则属于外控型。

一些研究表明，外控型的个体在五大人格中的外倾性和情绪稳定性方面得分低，当他们工作出色时，他们会认为这是因为运气或是因为工作简单。一方面，如果你认为你在学校的学习成绩通常取决于你选择的具体课程、教授或是考试形式，那么你很有可能是外控型；另一方面，如果你认为分数通常反映了你在某门课程上花费的时间和付出的努力，以及你对这门课程相关知识的掌握情况，那么你很有可能是内控型。

（五）马基雅维利倾向

马基雅维利（Machiavelli）是意大利政治家和历史学家，以主张为达目的可以不择手段而著称于世，马基雅维利主义也因此成为权术和谋略的代名词。它通常分为高马基雅维利主义和低马基雅维利主义。高马基雅维利主义的个体重视实效，保持着情感的距离，相信结果能替手段辩护。大量的研究探讨了有关马基雅维利主义与行为结果的关系。高马基雅维利主义者比低马基雅维利主义者更愿意操纵别人，赢得更多利益，更难被别人说服，他们更多的是说服别人。但这些结果也受到情境因素的调节。

在《君主论》一书中，马基雅维利揭示了贵族可以怎样更方便地获取和使用权力，它代表着人际交往中的狡猾、欺骗和机会主义。高马基雅维利主义者对他人的行为动机抱着愤世嫉俗的看法，极不看重忠诚，从操纵的角度来看待这个世界，并且秉承纯粹为了个人利益而操纵他人的宗旨。他们极度关注个人目标，哪怕为实现这些目标需要采取不道德行为、欺诈或操纵他人也在所不惜。他们会有意保持与他人的距离，对人际交往具有怀疑倾向，这将导致大量的人际冲突。研究指出，高马基雅维利主义者倾向于理性和非情绪化，为达到个人目标不惜使用谎言，对忠诚和友情较为淡漠，乐于操纵他人。低马基雅维利主义者更加情绪化，不愿意为成功而说谎，珍视忠诚和友情，不愿意操纵他人。高马基雅维利主义者比低马基雅维利主义者赢得的利益更多，更难被别人说服，却能更容易地说服别人。不难想象，只要条件允许，高马基雅维利主义者会不择手段，选择对自己有利的言行。

（六）自恋

在心理学中，自恋是指一个人具有极度自我重要的感觉，希望获得更多的称羡，有权力意识，并且自大。高度自恋的人很自负，过多地期望被欣赏，有优越感，傲慢自大。自恋这个概念来自古希腊神话人物那喀索斯，他非常虚荣、高傲，以致爱上了自己在水中的倒影。

研究表明，尽管自恋的人认为自己比同事更适合做领导，但他们的主管还是会把他们评为更差的领导者。由于自恋的人经常想要获得别人的称羡，渴望获得主管的认可，对那些威胁到自己的人，他们倾向于把自己看得高人一等（把别人看作无能的）。他们经常会认为别人都是为他们而生。自恋的人会被老板评价为工作低效，尤其是在需要帮助他人的时候。自恋者还比较自私，经常占别人便宜，认为别人必须为自己的利益服务。研究结果表明，自恋者的上司对他们工作效果的评价往往比较低，尤其是在乐于助人方面。

（七）自我监控倾向

自我监控指的是个体根据外部情境因素调整自己的行为的能力。个体自我监控的研究，是建立在欧文·戈夫曼（Erving Goffman）的研究成果之上的。戈夫曼提出了这样一种观点：那些能够依赖社会情境的需要而调整其态度和行为的人具有许多优势。这些优势包括赢得社会认同、信任，以及他人的喜爱等，个体在他们监控（观察和控制）自身的表现行为和自我呈现程度上不同。出于对社会适宜性的关注，自我监控个体尤其是在社会情境下对他人的表情和自我呈现敏感，并使用这些线索作为指导来监控和管理自己的自我呈现和表现行为。相反，非自我监控的人较少关心自己的呈现和表情的适宜性，对他人的表情给予很少的关注，较少监视和控制自己的呈现。他的呈现和表情的显现由其内在的经历而不是由情境和人际适宜性的规范所控制。自我呈现是控制他人形成自己期望印象的过程。自我监控理论认为个体控制表情和自我呈现上的差异，是由于其自我监控差异造成的。

该理论认为确定自我监控特征最容易的方法就是描述典型的高自我监控者和典型的低自我监控者的特征。典型的高自我监控者，关心其社会行为的情境和人际适宜性，对社会情境中相关他人的表情和自我呈现特别敏感，并能够使用这些线索作为管理和控制其言语和非言语自我呈现的指南。与此相对照，典型的低自我监控个体，对情境适宜性的自我呈现之类的社会信息不敏感，他们可能没有发展得很好的自我呈现技能。与高自我监控者相比，低自我监控者的自我呈现和表情行为，从功能上来讲，受其内在情感状态和态度的控制，他们表达的就是他们感受到的，而不是改变他们来适应特定情境。

（八）冒险倾向

冒险是指不顾危险从事某种活动。“冒险”一词也大多作为负性词汇而为人们熟知，外显的冒险行为和内隐的冒险倾向成为研究的焦点。冒险倾向是个体在面对不确定情境时的态度和行为（冒险寻求或冒险回避），对决策行为和评估有影响。冒险在三种情境下容易发生：第一，当个体处于损失的情境下；第二，当个体处于预防适应的管理状态；第三，当冒险选择仅仅提供了减少损失的可能性时，人们更容易寻求冒险行为。

人们愿意冒险的程度不同。管理者所做的决策以及做决策前后会收集多少信息，受个人风险偏好或者风险规避倾向的影响。举例来说，在一个人事练习的模拟情境中，79 位经理被要求做出招聘决策。结果是风险偏好型的经理比风险规避型的经理更快地做出决策，而且决策前的信息量也较少。有趣的是，两组人的决策准确性是一样的。虽然有研究认为，与管理小企业的发展导向型的企业家相比，大型组织的管理者更倾向于规避风险，但是最近的研究结果显示，大型组织的管理者实际上比企业家更愿意冒险。不同的职业也表现出风险倾向上的差异。由此可见，识别这些差异并把个体的风险倾向和具体的工作要求相结合是很有意义的。例如，风险偏好型的人在证券公司做股票交易员，其效率更高，因为这种工作要求快速做出决策。可是，喜欢冒险者不利于做审计、会计类的工作，这些工作最好由风险规避型的人来做。

（九）A~B 型人格

福利曼和罗斯曼描述了 A~B 型人格。近年来，人们在研究人格和工作压力的关系时，常使用这种人格类型。

A 型人格的主要特点为：性情急躁，缺乏耐心。他们成就欲高，上进心强，有苦干精神，工作投入，做事认真负责，时间紧迫感强，富有竞争意识，外向，动作敏捷，说话快，生活常处于紧张状态，但办事匆忙、社会适应性差，属于不安定型人格。

B 型人格的主要特点为：性情不温不火，举止稳当，对工作和生活的满足感强，喜欢慢步调的生活节奏。在需要审慎思考和耐心的工作中，B 型人格的人往往比 A 型人格的人表现得更好。

在工作中，A 型人格的管理者锐意进取，注重工作细节，工作绩效标准高，循规蹈矩。当这种要求达到时，他们可能过于重视细节而不是结果，拒绝变革，对下属控制过严，造成较多人际上的问题，甚至威胁到自己的身体健康。相反，B 型人格的管理者往往从容不迫，在与同事和下属合作时更有耐心。因此，成功的管理者往往具有 B 型人格特质。

（十）主动性人格

1993 年，Bateman 和 Crani 在研究组织行为中的主动性行为时第一次提出了主动性人格这一概念，并认为主动性人格属于一种人格特质，是一种能够稳定地对环境变化产生影响的倾向。该概念的提出，建立在人与环境交互作用的观点之上，认为个体存在创造和改变环境的可能性，因而能够有意图地对环境进行选择、认知、重构、唤醒以及处理。Bateman 和 Crani 认为具有高主动性人格的个体能够识别机遇、采取行动，并能持之以恒，直到实现目标；与此相反，缺乏主动性的人则是消极的和被动的，他们习惯于适应环境，被迫去改变。

第二节　态度管理

一、态度的构成

研究认为，态度的心理结构主要由三部分组成：认知、情感、行为。

（一）认知

认知指的就是个人对态度对象带有评价意义的描述或信念。这种描述或信念可能包括个人对态度对象的认识、理解、相信、怀疑以及赞成或反对等。例如，“我认为我的工资太低了”就是一种带有评价意义的描述，这里的态度对象是工资。

（二）情感

情感指的就是个人对态度对象的情绪感受或体验。例如，尊敬、蔑视、同情、冷漠、喜欢和厌恶等就属于态度的情感成分。如“我对我的工作感到厌烦”就是个人对工作的情绪感受。

（三）行为

行为指的是个人对态度对象的行动意向。例如，“我要跳槽找一份收入更高的工作”就反映了个人对工作的行动意向。

态度的三个组成部分是密切相关的，从举的例子就可以看出。“我认为我的工资太低了”是对工资的评价，也可以看作对工作的评价，因为报酬也是工作的一部分；“我对我的工作感到厌烦”是个人对工作的情绪感受；而“我要跳槽找一份收入更高的工作”是个人对工作的行动意向。不难看出这三部分共同反映了“我”对“工作”的消极态度。认知和情感是密切相关的，“我”可能正是因为工资太低，所以才对“工作”感到厌烦。情感和行为也是密切相关的，因为“我”感到厌烦，所以想换“工作”。因此，认知会导致情感，情感会导致行为。

把态度看作由三部分组成，有助于我们更好地理解态度的复杂性以及态度与行为之间的潜在联系。最重要的一点是，我们要认识到态度的三个组成部分联系密切，不能简单、孤立地去理解。

二、与工作有关的态度

态度有成千上万种，但是组织行为学把注意力重点集中在与工作有关的态度上。与工作有关的态度包括员工对工作本身以及与工作相关的各方面的积极或消极的评价。在这些态度中，组织行为学关注得最多的三种态度是工作满意度、工作参与和组织承诺，另外的一些重要态度包括组织支持感和员工敬业度。

（一）工作满意度

一般意义上，工作满意度是指某个人在组织内进行工作的过程中，对工作本身及其有关方面（包括工作环境、工作状态、工作方式、工作压力、挑战性、工作中的人际关系等）有良性感受的心理状态。组织行为学中，工作满意度通常指的是反映员工在工作中满足和实现水平的一种态度。组织行为学家认为工作满意度非常重要，因为大量研究表明，员工的工作满意度和员工的工作表现有紧密的关系。例如，工作满意度与生产率、组织公民行为（指的是有益于组织，但在组织正式的薪酬体系中尚未得到明确或直接确认的行为）和顾客满意度呈正相关，而与缺勤率、流动率和偏常行为呈负相关。

工作满意度非常重要，那么哪些因素会引起员工对工作感到满意呢？大量相关研究表明，工作满意度的决定因素包括个体、群体和组织三个水平的变量。个体水平的一个重要因素是个体需求。如果一项工作越能满足员工的个体需求，那么员工就会越对这项工作感到满意。此外，有研究表明，那些具有积极核心自我评价的人相信他们的内在价值和基本能力的人——往往具有更高的工作满意度。他们不仅认为自己的工作更能实现个人抱负、更具挑战性，而且在一开始就容易被有挑战性的工作所吸引。这说明员工的人格特质对工作满意度也会产生影响。

群体和组织水平的因素包括组织内的人际关系、工作环境、工作本身和薪酬等。人们从事工作不仅仅为了挣钱或者获得看得见的成就，对于大多数员工而言，工作还满足了他们的社交需要。友好的和支持性的同事会提高员工对工作的满意度。上司的行为也是一个重要的影响因素。当员工的直接主管是友好的，对好的绩效能提供表扬，能倾听员工的意见，对员工表现出个人兴趣时，员工的满意度就会提高。因此，在组织内营造和谐的人际关系是十分重要的。

（二）工作参与

工作参与用于衡量一个人从心理上对其工作的认同程度以及认为他的工作绩效水平对自我价值的重要程度。工作参与度高的员工对他们所做的工作有强烈的认同感，并且很在意自己的工作。研究表明，工作参与和缺勤率及离职率呈负相关。和工作参与密切相关的一个概念是心理授权。心理授权是指员工认为自己能对工作环境、工作能力、工作意义及工作自主性产生影响的程度。心理授权由工作意义、自我效能感、自主性和对工作产生的影响力这四个维度构成。优秀的领导者通常让员工参与决策，让员工感到自己的工作很重要，让他们认为是在“做自己的事情”，从而提高员工的心理授权水平。研究发现，高水平的工作参与和心理授权与组织公民行为和工作绩效呈正相关。

（三）组织承诺

组织承诺指的是员工对于特定组织及其目标的认同，并且希望维持组织成员身份的一种状态。高工作参与意味着一个人对特定工作的认同；高组织承诺意味着对于所在组织的认同。

组织承诺这一概念最早是由学者 Becker 提出的，他将承诺定义为由单方投入所产生的维持“活动一致性”的倾向。在组织中，这种单方投入可以指一切有价值的东西。比如，福利、精力、已经掌握的只能用于特定组织的技能等。他认为组织承诺是员工随着其对组织的“单方投入”的增加而不得不继续留在该组织的一种心理现象。目前，关于组织承诺的内涵，学界普遍认同的是加拿大学者 Meyer 与 Allen 提出的组织承诺的三因素模型，他们将组织承诺定义为“体现员工和组织之间关系的一种心理状态，隐含了员工对于是否继续留在该组织的决定”。

（四）组织支持感

组织支持感是指员工对组织如何看待他们的贡献并关心他们的利益的一种总体知觉和信念，简单来说，就是员工所感受到的来自组织方面的支持。当员工对组织方面的支持产生积极的认知体验时，他们对组织本身也会产生比较正向的看法和信念。而作为对组织的回报，员工会提升自己对组织的承诺和忠诚度，并且会提高自己工作的努力程度。相反，如果员工感到组织轻视自己的贡献和福利，员工对组织责任的认知就会相应减少，这时，员工会减少对组织的情感性承诺和降低工作表现，甚至产生离职的意愿和行为。研究指出，如果员工认为他们的报酬是公平的，他们能够参与决策，他们的主管能给他们提供支持，就会认为组织具有支持性。除此以外，管理者还可以通过注重组织中的程序公平、塑造一种支持性的气氛以及提高员工工作的自主性等方式，来提升员工获得的组织支持感。

（五）员工敬业度

员工敬业度目前在学术界还没有统一的定义。比较权威的两种说法分别来自盖洛普咨询有限公司和翰威特咨询有限公司。盖洛普咨询有限公司最早开始对员工敬业度进行研究，他们认为员工敬业度是在给员工创造良好的环境，发挥其优势的基础上，使每个员工产生一种归属感，产生“主人翁责任感”。翰威特咨询有限公司的观点认为，员工敬业度是员工乐意留在公司和努力为公司服务的程度，主要表现在三个方面：一是说（say），指的是员工会不断地对同事、潜在同事、客户等赞美公司；二是留任（stay），指员工有留在组织的强烈愿望；三是全力付出（strive），竭尽所能，指员工不但会全心全意地投入工作，还愿意付出额外的努力并致力于那些能够促使公司获得成功的工作。尽管对员工的敬业度的说法不统一，但强调的共同点为：员工敬业度是指员工在情感和知识方面对组织的一种承诺和投入。他们会努力工作，表现出一系列行为来对组织产生正面的影响。有研究发现，拥有高敬业度员工的公司，其客户满意度、生产效率和利润也比较高，同时离职率和事故发生率都比较低。盖洛普公司的一项研究表明，敬业员工对企业所关注的经营业绩指标影响最大。翰威特咨询有限公司在全球范围内的一项调研也指出，关键业务指标所衡量的绩效与员工敬业度之间存在较高的相关性。由此可以看出员工敬业度对于组织的重要性。

三、转变态度的方法

态度不像人格那样稳定，很多因素可能会使态度发生转变。幼年时形成的态度、习惯性较强的态度、较为极端的态度，以及与个人的基本价值密切联系的态度都较难转变。原有态度的形成所经历的事情越多、越复杂，态度就越稳固，越不易转变。行为科学就如何取得态度转变积累了不少研究成果，下面介绍几种有关的理论与方法。

（一）认知失调理论

认知失调理论是费斯廷格于 1957 年在《认知失调论》一书中提出的理论。这种理论以认知元素作为基本单位。认知元素是相对于个体的整个认知结构而言的。有关的环境、个体、个人的知识、观念、意见及信念都是一个认知元素。两个认知元素间的关系可分为协调、不协调及不相关三种。

认知失调理论举例：认知元素 A：下星期要审查项目方案，应抓紧准备可行性分析报告；认知元素 B：我想通宵工作，准备好可行性分析报告；认知元素 C：我感到疲倦，需要休息；认知元素 D：明天可能来台风，下大雨。

费斯廷格认为，认知元素之间的矛盾和失调会造成心理上的不快和紧张，人们会产生一种内驱力，驱使自己采取某种行动以减轻或消除这种不协调。认知元素之间的不协调强度越大，则人们想要减弱或消除不协调的动机越强烈。例如，上例中的认知元素 A 和 C，如果为了准备下星期的审查，明天就要讨论可行性分析报告，那么就会迫使“我”很快做出选择，转变态度。如果还要过几天再讨论，两者矛盾不是很大，解决不协调的认知元素的动机就不那么强烈。

费斯廷格认为，减轻或消除认知元素之间的不协调心理，可根据具体情况，采取下列办法。

（1）改变不协调双方中的任何一个认知元素，使双方趋于协调，以上例中的元素 A、C 为例，此人可以不休息，坚持工作；也可以设法推迟审查时间，从而协调认知元素的矛盾。

（2）增加新的认知元素，以缓和双方的矛盾。如认知元素 A 无法改变，不能延期，则此人可采用喝咖啡、以冷水洗头等方法振作精神，使不协调强度降低。

（二）平衡理论

平衡理论由海德于 1958 年提出，又被称为“P-O-X 理论”。海德认为，我们的认知对象包括世界上各种人、事、物、概念等，这些对象有的互不相关，有的互相联结。海德将构成一体的两对象的关系称为单元关系，将每种认知对象的感情和评价（喜欢、厌恶、赞成、反对）称为情绪。通常，个体对单元中两对象的态度是趋向一致的，如喜欢某人，则对某人的工作也很赞赏；不喜欢某人，则认为他的朋友也不好。这样，当一个单元内两对象的看法一致时，其认知体系呈现平衡状态；当对两对象有相反看法时，就产生不平衡状态。如喜欢某人，但对他的工作表现不赞同，这时，与认知失调理论一样，将引起人体内心的不愉快和紧张。消除这种紧张的办法是：赞同他的工作表现，或不再喜欢此人。这就产生了态度转变。

（三）皮格马利翁效应

皮格马利翁效应也称期待效应或罗森塔尔效应。此效应源于古希腊一个美丽的传说。相传古希腊的国王皮格马利翁深深地爱上了自己用象牙雕刻的美丽少女，并希望少女能够变成真人。他真挚的爱感动了爱神维纳斯，爱神赋予了少女雕像以生命，最终皮格马利翁与自己钟爱的少女结为夫妻。

美国哈佛大学教授罗森塔尔等人受到这个故事的启发，开展了一次有名的实验。他们来到一所小学，说要进行 7 项实验。他们从一年级至六年级各选了 3 个班，对这 18 个班的学生进行了“未来发展趋势测验”。之后，罗森塔尔以赞许的口吻将一份“最有发展前途者”的名单交给了校长和相关老师，并叮嘱他们务必要保密，以免影响实验的正确性。其实，罗森塔尔撒了一个“权威性谎言”，因为名单上的学生是随便挑选出来的。8 个月后，罗森塔尔和助手们对那 18 个班级的学生进行复试，结果奇迹出现了：凡是上了名单的学生，个个成绩有了较大的进步，且性格活泼开朗，自信心强，求知欲旺盛，更乐于和别人打交道。显然，罗森塔尔的“权威性谎言”发生了作用，因为这个谎言对教师产生了暗示，左右了教师对名单上学生的能力的评价；而教师又将自己的这一心理活动通过情绪、语言和行为传染给了学生，使他们强烈地感受到来自教师的热爱和期望，变得更加自尊、自信和自强，从而使各方面取得了异乎寻常的进步。

这一实验通过影响教师的行为（对学生的期望和暗示）进而改变了学生的自我预期，从而对学生的学习效果产生了影响，由此证明人们基于对某种情境的知觉而形成的期望或预言，会使该情境产生适应这一期望或预言的效应。

这说明，别人的预见以及因此而采取的对待方式会影响一个人的心理，从而导致其态度的转变。称赞和鼓励会诱发一种上进的动机；经常被人指责、歧视，则会导致消极、颓唐，从而自暴自弃。

（四）“登门槛”效应

“登门槛”效应是美国社会心理学家里德曼与弗雷瑟于 1966 年在“无压力的屈从——登门槛技术”的实验中首先提出的。研究者先假扮安全驾驶的志愿者，他们请求社区居民在自家院子的草坪上安置巨大但粗糙的“安全驾驶标志”，结果只有不到 20%的人答应了。然后研究者请那些没有同意的居民帮忙看是否愿意在他们的窗口安置一个 3 英寸的“安全驾驶标志”，这次几乎所有人都欣然答应了。而就在两周之后，竟然有 76%的居民同意在自己的院子前竖起高大而丑陋的宣传标志。这一现象反映了人们的日常心理，即在一般情况下，人们都不愿接受较高较难的要求，因为它费时费力又难以成功，相反，人们却乐于接受较低的、较易完成的要求。而在实现了较低的要求后，人们为了保持形象的一致，才慢慢地接受较高的要求。这种现象犹如登门槛时要一级台阶一级台阶地登，这样能更容易、更顺利地登上高处，因此这一现象才被称为“登门槛”效应，又称为得寸进尺效应。

“登门槛”效应对管理者的启示是：在要求下属做某件较难的事情而又担心他不愿意做时，可以先向他提出做一件类似的、较小的事情。特别是对于新人，管理者不要一开始就对他们提出过高的要求，可以先提出较易实现的要求，当他们达到要求后，再通过鼓励，逐步向其提出更高的要求，这样员工容易接受，预期目标也容易实现。

（五）强迫接触法

要转变一个人的态度，可以采取不管他喜欢与否，强迫他与对象接触的办法，通过接触而产生了解，会改变对认知对象的原有态度。

（六）角色扮演法

“角色”一词来源于戏剧，正如戏剧一样，它指的是那些处于特定社会位置的人被期望表现出相应的行为。角色扮演法使人们设身处地理解对方的心情和困难，从而转变态度。这种方法实际上是将“心理剧”用于管理。例如，领导与职工产生矛盾时，让他们各自扮演对方的角色来演戏，没有固定的剧本，由他们即兴表演，自编台词，同时组织有关人员进行评议。又如，在医院中，让医生或护士扮演病人的角色，整天躺在病床上，这有助于他们了解病人的处境、病人的心情，从而改变对病人的态度。著名的“斯坦福监狱实验”验证了这一方法对态度改变的有效性。

第三节　情绪管理

一、情绪概念

情绪最能表现人的内心状态，可以说它是人内心状态的晴雨计。个人情绪的变化是伴随着个体心理活动过程产生的，而它的起伏和变化也是有原因的。

我们首先需要对三个密切关联的概念进行分析，它们是情感、情绪和心境。

情感是一种统称，它包含了人们体验到的所有感情。这个总括概念中包含了情绪和心境两个部分。情绪是一种强烈的情感，它直接指向某个人或某个物。心境则是一种比情绪更弱的，并且经常缺乏背景刺激的情感。

情绪是对人或事的反应。当你对某件事感到快乐时，对某个人感到愤怒时，对某个东西感到害怕时，就是在表达情绪。相反，心境并不指向人或事。但是，当你不关注产生感觉的事件或客体时，情绪就会转变为心境。而且，出于同样的原因，无论是好的、还是坏的心境都会让你对某一事件的反应更加情绪化。因此，当同事对你与客户的谈话方式提出批评时，你可能会对他感到愤怒。也就是说，针对一个具体的客体（同事）表明你的情绪（愤怒）。但是，当具体的情绪烟消云散时，你或许只是整体上感觉有些沮丧。你无法把这种感觉归因于任何一个单独事件，你觉得自己不是正常情况下的自己，接下来，对其他事件反应过度。这种情绪状态描述的就是心境。

（一）基本情绪

情绪有几十种之多，包括愤怒、轻蔑、热情、羡慕、害怕、挫败、失望、困窘、厌恶、快乐、憎恨、希望、嫉妒、欢快、热爱、骄傲、惊奇以及悲伤等。大量研究者致力于把众多情绪限定在一个更基础的情绪集合中。但有研究者认为，分出基本的情绪毫无意义。即使是我们不常体验的情绪，如震惊，对我们也有重要影响。现代哲学奠基人笛卡儿确定了六种“简单、主要的情绪”——好奇、热爱、憎恨、渴望、欢乐和悲伤，并且认为“其余的情绪都是由这六种情绪中的几种组成的，由它们衍生而来”。其他哲学家（如休谟、霍布斯、斯宾诺莎）也认同情绪的分类。虽然哲学家们提供了一些帮助，但表明基本情绪集合存在的证据仍然有待当代研究者进一步探索。

心理学家试图通过研究面部表情来识别基本情绪。这种方法存在的一个问题是，有的情绪太复杂，不容易通过面部表情表现出来。很多人认为热爱是很普通的情绪，但它很难仅通过面部表情表现出来。同时，文化中也存在一些规范会控制情绪表现，因此，对情绪的展示并不总是与我们对情绪的体验一样。如今，很多公司提供愤怒管理计划，指导人们控制甚至隐藏内在的感受。

（二）基本心境

情绪分类的一个方法就是按照积极或消极取向进行分类。积极的情绪（如快乐和感激）表达一种快乐的评价或情感，消极的情绪（如愤怒和内疚）表达的内容正好相反。

当我们把情绪分为积极的情绪和消极的情绪两类时，它们就成为心境状态，因为我们从更加整体的角度来看待这个问题，而不是孤立地看待具体的情绪。兴奋是高度积极情感的纯粹指标，而厌倦是低度积极情感的纯粹指标。紧张是高度消极情感的纯粹指标，而放松是低度消极情感的纯粹指标。有的情绪，如满意（高度积极情感和低度消极情感的混合体）或悲伤（低度积极情感和高度消极情感的混合体），则介于两者之间。有的情绪，如惊奇，因为它既不是明显积极的，也不是明显消极的，所以无法匹配。

因此，可以把积极情感作为心境的一个维度，由积极的情绪组成，如高端的兴奋、自信、喜悦，低端的厌倦、倦怠和疲倦。消极情感是心境的另一个维度，由高端的紧张、压力和焦虑及低端的放松、宁静和镇静组成。注意：积极情感和消极情感都是心境。

积极情感和消极情感都会影响工作（工作之外也是如此），因为我们的观点、看法会因此而带有某种色彩，然后成为事实。在国外，一个飞机乘务员在网上发布匿名博文，他写道："我在一个加压的铝管中工作，我的'办公室'外的环境无法维持人类的生命……事实上……我经常受到不尊重的对待，没有人听我的话……直到我威胁把他们踢下飞机。"很明显，如果一个飞机乘务员处于消极的心境，将会影响到他对乘客的感知，反过来也会影响到他的行为。

显然，消极的情绪更有可能转化为消极的心境。人们对那些能产生强烈消极情绪事件的思考时间是那些产生强烈积极情绪事件的五倍。因此，人们更容易回忆起消极经历。一个可能的原因是，对大多数人来说，这些事件更加独特。实际上，研究表明，存在一种正向偏移，这意味着，当处于零输入（没有特别的事情发生）时，多数人的心境都是中度积极的。因此，对多数人来说，处于积极心境的状态要多于消极心境。工作中似乎也存在正向偏移。例如，英国呼叫中心进行的一项针对客服代表（或许是很难有积极情感的一份工作）的研究表明，在58%的时间里，他们处于积极心境的状态。

（三）情绪和心境的来源

1.人格

人们的心境和情绪具有一种特质：大多数人都有一种固有的倾向，即比其他人更频繁地体验某些特定的心境和情绪。而且，人们在经历相同情绪时强度也会不一样。情感强度高的人对积极和消极情绪的体验更深。当他们悲伤的时候，他们真的很悲伤；当他们高兴的时候，他们真的很高兴。

2.每周和每日的时间

在一周之初，人们的心境是最糟的（最高的消极情感和最低的积极情感），后面几天则心境是最好的（最高的积极情感和最低的消极情感）。

一天当中，人们经常认为自己不是“早安型”就是“晚安型”。但绝大多数人的规律是相似的。无论人们什么时候睡觉、什么时候起床，积极情感的峰值都会在清醒和入睡这段时间的中间点左右出现。不过，消极情感在一天之中几乎没有什么波动。

这对组织行为来说有什么意义呢？在周一早上找人帮忙或传递坏消息似乎不是明智之举。我们的工作互动在中午之后和每周的晚些时候会更积极。

3.天气

你觉得什么时候你的心境会更好？晴天还是阴天、冷天、雨天？很多人认为他们的心境与天气有关。但是，有证据表明，天气对心境影响甚微。一位专家指出：“与普遍流行的观点相反，明朗的晴天并不会使人们的心境更好（相反，阴暗的雨天也不会使人们的心境更糟）。”虚假相关可以解释为什么人们认为好的天气会改善他们的心境。当人们把并无真实联系的两件事联系到一起时就会出现虚假相关。

4.压力

工作当中，有压力的日常事件（恶意邮件、最后期限的临近、被老板训斥等）都会给员工的心境带来消极影响。压力的影响也会随着时间的推移而产生。正如一位研究者所说：“随着时间的推移，经常性的低水平压力事件可能是潜在因素，它导致员工的紧张程度逐渐增强。”工作中压力的不断增加会让我们的心境更糟，我们会体验到更多的消极情绪。

5.社交活动

和朋友在一起时是你最高兴的时候吗？对多数人来说，社交活动可以增加积极的心境，而对消极的心境几乎没有影响。社交活动的类型对人的心境有影响吗？事实上确实有。研究表明，身体的（有朋友一起溜冰或远足）、非正式的（参加聚会）或美食的（与别人共餐）活动比正式的（参加会议）或久坐的（与朋友一起看电视）活动更能促进积极的心境的形成。

6.睡眠

睡眠的缺乏会让人脾气粗暴吗？睡眠质量的确会影响心境，大学生和成年员工是感受到睡眠不足的群体，他们更多地报告自己感到疲惫、愤怒、充满敌意。睡眠少或者说缺乏睡眠会导致人们心境糟糕的一个原因是，它削弱了决策能力，并且使情绪难以控制。一项近期的研究表明，睡眠质量不佳还会降低工作满意度，因为人们会感到疲惫、急躁、警觉性差。

7.年龄

你认为年轻人比老年人的情绪更极端、更积极（所谓的“朝气蓬勃”）吗？如果你的回答是肯定的，那你就错了。一项针对18～94岁人群的研究表明，当人们变老时，消极情绪反而少了。对老年人来说，积极心境持续的时间更长，而糟糕的心境则会更快地消失。这项研究意味着，情绪体验会随着年龄而改善。因此，随着年龄的增长，我们体验到的消极情绪就会更少。

8.性别

许多人认为女性比男性更情绪化。这种观点可靠吗？研究证实，女性比男性更善于表达情绪；她们更强烈地体验情绪；她们倾向于更持久地保持情绪；她们更频繁地表达情绪，其中包括消极情绪，也包括积极情绪，但愤怒除外。所以说，在情绪体验和情绪表达上存在一些性别差异。

二、情绪劳动

如果你是一名销售人员或一家餐厅的服务员，你就会知道友好的行为及微笑的重要性。即使哪天你感到不高兴，你也知道管理人员希望你在和顾客打交道时能够打起精神。因此你就会伪装自己。当员工投入工作中时，他们分别消耗了体力劳动和心理劳动。但是工作还需要付出情绪劳动。情绪劳动是指员工在工作的人际交往过程中表现出令组织满意的情绪。

这一概念是在对服务业工作的研究中发展起来的。例如，空乘人员应该是热情愉快的；丧葬顾问应该是悲伤心痛的；医生应该是情绪中性的。实际上，情绪劳动几乎涉及每一项工作。例如，管理人员希望你在与同事交往的过程中彬彬有礼而不是相互敌视。当员工表现出来的情绪与他的真实情绪不同时，真正的挑战便出现了。这种不一致称为情绪失调，会对员工造成重大伤害。把沮丧、愤怒和怨恨封装起来，置之不理，最终会导致情绪衰竭和情绪倦怠。情绪劳动作为出色工作绩效的一个关键成分日益重要起来，因此，在组织行为学领域，也越来越强调对情绪的理解。

情绪劳动可能会让一些员工面临困境。总会有一些你不喜欢的同事，而你必须和他们一起工作。你可能会觉得他们粗暴无礼，也知道他们阳奉阴违。但不管怎么说，工作要求你与这些人打交道。所以，你不得不伪装出友好的样子。

尤其是在工作方面，把情绪划分为情绪感受和情绪表达，可能对你有所帮助。情绪感受是个体的实际情绪；情绪表达则是组织要求员工表现得并被视为符合特定工作要求的情绪。它们并不是与生俱来的，而是后天习得的产物。大多数人都知道，在葬礼上应该表现出悲伤，无论我们是否真的认为这个人的死是一种损失；在婚礼上需要表现出快乐，即使你并不想去庆贺。有效的管理者都知道，给一名员工做出不良的绩效评估时要表现得严肃；当自己未得到晋升时要掩饰和克制愤怒。如果一名销售人员没有学会微笑并表现出待人友好，那么，无论他的真情实感如何，通常都很难在销售岗位上干得长久。如何体验情绪与如何展示情绪并不总是相同的。

此外，展示伪装的情绪需要压抑我们的真实情感。表层动作就是隐藏内在情感，按照表达规则放弃情绪表达。例如，当员工在自己并不想笑的时候对顾客微笑，就是他的表层动作。深层动作就是按照表达规则调整内在的真实情感。卫生保健品供应商努力增加对病人的真正同情就属于深层动作。表层动作处理情绪表达，深层动作处理情绪感受。研究表明，表层动作会让员工更有压力，因为他必须伪装自己的真实情感。展示没有实际感受到的情绪会令人疲惫，所以给从事表层展示的员工放松和恢复的机会非常重要。一项观察啦啦队教练如何度过教学间歇的研究发现，利用间歇进行休息和放松的教练在间歇过后更有效率。在间歇时做杂事的教练在间歇后的效率仅仅和间歇之前一样。

三、情绪智力

情绪智力是一种个人能力，它使得个人具有自我意识（当自己体验到情绪时能够识别它们），可以觉察其他人的情绪，可以管理情绪线索和信息。了解自己的情绪并且善于读取情绪线索的人更有效率。举例来说，他们知道自己为什么愤怒，也知道如何在不违背规范的情况下表达自己。一项情景模拟研究表明，擅长识别和区分自己情感的人能够做出更有利的投资决策。

情绪智力是组织行为学中存在争议的一个概念，它既有支持者也有反对者。支持情绪智力的观点如下。

（1）情绪智力的知觉吸引力。如那些能够觉察他人的情绪、控制自己的情绪、完美处理社会活动的人，在商界也能够获得有力的帮助，从而实现自己的想法。

（2）情绪智力可以预测一些重要的指标。高情绪智力的人在工作中会有不错的表现，这方面的支持性证据相当多。

（3）情绪智力有生物基础。研究表明，人脑中，若掌管情绪处理的部分（前额叶皮层区域）受损，人们的情绪智力测试分数明显会更低。尽管这些脑部受损的人在标准智力测试中的分数可能并不低于这些没有脑部受损的人，但他们正常的决策能力还是受到了破坏。这表现为他们在有金钱奖励的纸牌游戏中表现很差。研究表明，情绪智力有其神经学基础，这与标准的智力测试无关。还有证据表明，情绪智力受基因影响，这进一步支持了情绪智力是一个具有生物基础的因素的说法。

情绪智力同样不乏批评者，反对情绪智力的观点如下。

（1）情绪智力的概念太模糊，对于很多研究者来说，情绪智力的概念并不十分清楚。它是智力的一种形式吗？多数人并不认为自我意识、自我激励或感同身受是智力的内容。情绪智力是一种错误的表达吗？不同的研究者关注情绪中不同的技能，因而很难给情绪智力下定义。

（2）情绪智力无法测量。由于情绪智力是智力的一种形式，因此，在测试中必有对错之分。有些测试确实有正确答案和错误答案，尽管在这些测试中，问题的有效性令人质疑。总之，情绪智力的测试种类很多，研究者还没有对它们进行像人格测量和一般智力测验那样的更精确的研究。

（3）情绪智力的有效性令人怀疑。批评者认为，情绪智力与智力和人格如此相近，一旦控制了这些因素，情绪智力就没有什么特别的贡献了。这种观点并非空穴来风。情绪智力与人格测量高度相关，尤其是情绪稳定性。除了人格测量和一般智力测验之外，情绪智力对工作绩效的预测是否增加了新的认识，目前这方面还没有足够的研究。

权衡支持和反对情绪智力的论证，我们现在说明这个概念是否有用为时尚早，但有一点是肯定的，那就是这一概念确实存在。

四、情感事件理论

情绪和心境是生活中重要的一部分，但是，情绪和心境如何影响我们的工作绩效和满意度？情感事件理论（AET）证明员工会对工作中发生的事情产生情绪反应，进而，这些反应又影响到他们的工作绩效和满意度。

情感事件理论指出，情绪是对工作环境中的事件的反应。工作环境包括有关工作的所有要素：任务的多样性及工作的自主性、工作要求、情绪劳动的要求等。这些环境或令人烦恼，或令人振奋，或二者兼有。令人烦恼的事件包括：同事拒绝完成他们分内的工作，与不同的管理人员产生冲突，过度的时间压力。令人振奋的事件包括：实现目标，得到同事的支持，自己的成就获得认可。

这些工作事件会产生积极的或消极的情绪反应。但是，员工的人格和心境预先安排了他们对这些事件的反应程度（非常激烈或不太激烈）。例如，低情绪稳定性的人更有可能对消极事件的反应强烈。一个人对特定事件的情绪反应可以随心境而变化。最后，情绪影响到很多工作绩效和满意度方面的变量，如组织公民行为、组织承诺、努力程度、离职倾向、工作场所中的偏常行为等。

总之，情感事件理论告诉我们两个非常重要的信息：第一，情绪对理解员工的行为具有重要价值，模型描述了工作场所中令人烦恼和令人振奋的事件如何影响员工的绩效和满意度；第二，员工和管理人员不能忽视情绪及其引发事件，即使它们看上去微不足道，但它们会积少成多。

第四节　价值观管理

一、价值观的内涵

（一）价值观的概念

价值观是指个人对周围的客观事物（包括人、事、物）以及对自己的行为结果的意义、作用效果和重要性的总评价和总看法，是推动并指引一个人采取决定和行动的原则和标准。价值观反映了个人关于正确与错误、好与坏、可取与不可取等观念的判断，使人的行为带有稳定的倾向性。价值观包括内容属性和强度属性，内容属性是指某种行为或存在状态是重要的、可取的；强度属性是指内容因素的重要程度。

价值体系是指一个人对各个事物的看法和评价在心目中的主次、轻重的排列次序。

（二）价值观的特性

价值观是每个人都具有的，它有以下几种特性。

（1）稳定性。一个人的价值观不是生来就具有的，而是后天形成的。也就是说，价值观是随着人们认知能力的发展，在环境、教育的影响下，逐步培养而成的。人们的价值观一旦形成，便是相对稳定的，具有持久性。可见，价值观的形成是一个长期的过程，人们的价值观一旦形成，就具有相对的稳定性，一般不会轻易改变。

（2）可变性。价值观具有稳定性，并不意味着价值观是一成不变的。实际上，随着时间、地点、环境的变化以及一个人的经济地位的变化，人们的价值观也会发生相应的变化。所以说，价值观是可变的。

（3）差异性。由于每个人的先天条件和后天环境不同，人生经历也不尽相同，每个人的价值观的形成会受到不同的影响，因此，每个人都有自己的价值观和价值观体系。有的人看重事业，有的人看重金钱，而有的人则看重家庭等。在同样的客观条件下，具有不同价值观和价值观体系的人，其动机模式不同，产生的行为也不同。

（三）价值系统的源泉

价值系统来自何处？很明显，一部分是遗传的，其余部分受下列因素的影响：民族文化、父母行为、教师、朋友以及其他相似的环境因素。

对分开抚养的双胞胎进行的研究表明，大约40%的价值观是遗传获得的，所以你的亲生父母的价值观在解释你的价值观方面起着重要的作用。但是，价值观的大部分变异是由环境因素决定的。

我们所持的价值观中有很大一部分是在早年形成的，是从父母、教师、朋友和其他人那里获得的。一个人关于对错的许多早期观点是受父母所表达出来的观点的影响而形成的。一个人小时候关于教育、性别、政治的观点，大部分情况下，可能与父母的观点是相同的。当长大并且接触了其他的价值系统以后，可能已经改变了你的许多价值观。

价值观是相对稳定和持久的。这是由它自身的遗传成分和获得方式决定的。当我们是孩子时就被告知，某种行为或结果总是好或不好的，没有中间状态。例如，你被告知应该诚实和具有责任感，或者你从未被教导过要有一点诚实或责任感。当这种绝对的、黑白分明的掌握价值观的方式与占有重要部分的遗传因素相结合时，就或多或少地保证了价值观的稳定性和持久性。当然，我们对价值观质疑的过程会导致价值观的变化，我们可能做出决定不再接受这些基本的价值观。但更常见的情况是，对价值观的疑问强化了已经拥有的价值观。

二、价值观类型

罗克奇根据工具—目标维度把价值观分为工具性价值观和终极性价值观。工具性价值观是以个体的行为方式为工具，如有礼貌、诚实、负责任、有自制力等，进而获取“社会的认可”。终极性价值观是个体以一种行为方式谋求许多终极目的，如社会认可、友谊、自由、平等、内心和谐及家庭安康等。实际上，工具性价值观是终极性价值观的手段。两者的关系很复杂，不容易区分开来。

三、价值观的重要性

从组织行为学的观点来考虑，价值观会影响当前及未来员工的行为，对塑造组织的未来也有着深刻的影响，所以对价值观的了解和研究就显得尤为重要。每个人在加入一个组织之前，早已形成了什么是应该的、什么是不应该的思维模式。显然，这些观点都与价值观有关，其中包含对正确与否的解释。而且，它们还意味着，某种行为或结果比其他行为或结果更可取。因此，价值观淡化了客观性和理性。价值观从总体上影响一个人的态度和行为。

假设你刚进入组织时认为绩效作为报酬分配的基础是正确且合理的，而以资历作为报酬分配的基础是错误的、不合理的，那么，当你发现这一刚刚加入的组织恰恰根据资历而不是绩效进行奖励时，你会做何反应？你很可能感到失望，这将使你对工作感到不满意，并且导致你不会付出更多努力，因为“不论怎么说，这样做不太可能让你挣到更多的钱”。如果你的价值观与组织的报酬政策一致，你的态度与行为是否会有差异？

四、价值观与文化差异

对不同文化下价值观存在的差异的了解，有利于我们对来自不同国家员工的行为进行解释和预测。

（一）霍夫斯泰德评估文化的构架

20 世纪 70 年代末，吉尔特·霍夫斯泰德提出的观点是在分析文化之间的差异时被广为引用的观点之一。他曾对 40 个国家中为 IBM 公司工作的超过 11.6 万名员工进行了调查，了解他们与工作有关的价值观。他发现，管理者和员工在有关民族文化的五个维度上存在差异。

1.权力距离

权力距离是用来衡量社会承认机构和组织内权力分配不平等的一种文化尺

度。高权力距离意味着权力和财富的较大不平等以及文化对这一问题的高容忍度。这种文化体制下存在等级制度，阻碍下层市民向上层流动。低权力距离意味着社会强调平等和机会。

2.个人主义和集体主义

个人主义和集体主义体现出社会中个人与群体的关系。个人主义是指人们喜欢以个人为活动单位而不是作为群体成员进行活动的程度，他们认为个人权利高于一切。集体主义是指人们生活在具有严谨架构的社会中，期望得到同一群体中其他人的照顾与保护。文化的个人主义和集体主义层面反映的是不同的社会对集体主义的态度不同。在推崇集体主义的社会中，每个人必须考虑他人利益，组织成员对组织具有精神上的义务和忠诚。而在推崇个人主义的社会中，每个人只顾及自身的利益，每个人自由选择自己的行动。

3.阳刚气质和阴柔气质

霍夫斯泰德所采用的阳刚气质这个概念指的是某种民族文化重视传统的男性角色（例如成就、权力和控制）的程度以及认可男女平等的程度。在阳刚气质维度上得分高，意味着这种民族文化对男性和女性的角色有不同的界定，而且由男性占据社会的主导地位。在阴柔气质维度上得分高，意味着这种民族文化对男性和女性的角色持大致相同的看法，认为男性和女性在各个方面是平等的。

4.不确定性规避

不确定性规避水平可以界定一个国家的人喜欢结构化而不是非结构化情境的程度。不同民族、国家或地区，防止不确定性的迫切程度是不一样的。在不确定性规避上得分高的国家，人们对于不确定性和模糊性的焦虑水平更高。这种文化重视法律、法规和控制，以减少不确定性。不确定性规避程度低的国家，人们不易受模糊性和不确定性的影响，能够容纳各种意见。人们不太以规则为导向，更容易采取冒险行为，愿意接受变革。

5.长期取向和短期取向

这是霍夫斯泰德文化架构中新增的部分，测量的是社会对传统价值观的接纳。生活在长期取向文化中的人们，总是想到未来，而且看重节俭、持久与传统。而生活在短期取向文化中的人们，看重的是此时此地，人们更容易接受变革，不把承诺视为变革的阻碍。

霍夫斯泰德的文化维度对组织行为学的研究者和管理人员产生了较大影响。不过，他的研究也受到了一些批评。首先，他的数据虽然有更新，但是原始数据来自30年前，并且样本公司只有一个（IBM）。既然这些数据是在早期收集的，自然会受时代背景的影响。其次，几乎没有研究者详细了解霍夫斯泰德的研究方法，因此，也就不知道他决策和判断的标准（如把文化价值观减少到五个维度）。霍夫斯泰德的一些研究结果超出了人们的预期。如日本经常被认为是一个高度集体主义的国家，但在他的文化维度中，日本的集体主义测试结果仅处于平均水平。尽管如此，霍夫斯泰德的理论仍被广泛引用，他所建立的架构在组织行为学中留下了永久的印迹。

（二）用于文化评估的GLOBE

从1993年开始，“全球领导行为与组织行为的有效性”（GLOBE）研究项目一直对62个国家的825个组织进行着有关领导与民族文化的跨文化调查。针对民族文化的差异。GLOBE工作团队确认了九个维度。一些维度，如权力距离、个人主义/集体主义、不确定性规避、性别差异（类似阳刚气质对应于阴柔气质）和未来取向（类似长期取向对应于短期取向），与霍夫斯泰德的维度相似。主要的区别是GLOBE增加了一些维度，如人本取向（指的是一个社会对公正、利他、慷慨、关怀、友善的个体给予鼓励和奖赏的程度）和绩效取向（指的是一个社会对群体成员的绩效提高或绩效优异给予鼓励和奖赏的程度）。

第五节　能力管理

在现实生活中，由于人的先天遗传及后天环境等条件的不同，人与人之间的能力存在着很大的差异，有的人能够过目不忘，而大部分人则不能；有的人擅长管理，有的人擅长实践；有的人富于创造，有的人墨守成规；有的人思维敏捷、想象丰富，有的人感知迟钝、想象贫乏。这些都是人与人在认识及活动效率方面的差异，都表现了人们在能力方面的不同。

一、能力的概念

尽管“能力”一词尽人皆知，但能力的概念很复杂。一般认为，能力是一种心理特征，是人们顺利实现某种活动所必须具备的心理条件。例如，一位画家所具有的色彩鉴别力、形象记忆力等，都叫能力，这些能力是保证一位画家顺利完成绘画活动的心理条件。

这个定义包含以下三层意义。

首先，能力是一种个性心理特征，它是个性的组成部分，能力的差异是人与人之间存在差异的重要因素。但需要强调的是，能力虽然是一种心理特征，但与其他心理特征又有所不同。人格虽然也表现在人的活动中，并对活动的结果产生一定影响，但它并不直接影响活动的效率，不直接决定活动的完成，因而不属于能力的范畴。

其次，能力总是和人的活动相联系并表现在活动中。离开活动，能力既无从表现也不能形成。即能力表现在所从事的各种活动中，并在活动中得到发展。一个人的绘画能力，只有在绘画活动中才能施展；一个人的管理能力，也只有在管理活动中才能显现出来。当一个人能顺利完成某项活动时，也就多少表现出了他的能力。

最后，人的活动是复杂的，因此需要多种能力的总和才能顺利完成某项活动。能力是保证活动取得成功的基本条件，但不是唯一条件。活动能否取得成功，还与人的个性特点、技能、态度等因素密切相关。

此外，能力的产生和发展是与人类的社会生活分不开的。以人类发展早期阶段的抽象思维能力的形成为例，原始人在实践活动中，一方面不断地把各种物体分解为各个组成部分；另一方面又把各个部分联合成一个统一的整体。人们在这个过程中逐渐学会在头脑中进行分析和综合，即思维的分析和综合。这种思维的分析和综合，是在历史实践的基础上，在实际分析和综合物体特征的基础上发展起来的。计算能力的发展也是这样，原始人最初只能用实物（如手指、石头、木棒等）进行计算，他们没有利用抽象符号进行计算的能力。人的较复杂、较高级的，基于符号的计算能力，是随着社会进步及人类实践的需要才逐步发展起来的。

“能力”一词到底是什么意思？组织行为学中，能力反映个体在某一工作中完成各种任务的可能性，是对个体能力能够做什么的一种现实评估。

组织行为学所关注的问题是个人能力差异表现在哪些方面，以便应用这一方面的知识尽可能使员工更好地从事工作。

二、能力的分类

人的能力是各种各样的，可以用不同的标准进行分类，一般可以分为以下几种。

（一）一般能力和特殊能力

一般能力是指在不同种类的活动中都会表现出来的能力，也即认识能力。如观察力、记忆力、抽象概括力、想象力、创造力等。其中，抽象概括力是一般能力的核心，代表着智力发展的水平。我们平时所说的智力，就是指一般能力。正常发展的智力是人认识客观事物并运用知识解决实际问题的基础。人要完成任何一种活动，都和这些能力的发展分不开。

特殊能力是指在完成某种专业活动中表现出来的能力。它是顺利完成某种专业活动的心理条件。例如，画家的色彩鉴别力、形象记忆力，音乐家区别旋律的能力、音乐表象能力以及感受音乐节奏的能力等，均属于特殊能力，这些能力是完成相应的活动所必须具备的。

人必须同时具备一般能力和特殊能力，才能顺利地完成某种活动。一般能力与特殊能力的关系是辩证统一的。一方面，一般能力是特殊能力的重要组成部分。如人的一般听觉能力既存在于音乐能力中，也存在于言语能力中。没有一般听觉能力的发展，就不可能发展音乐能力和言语听觉能力。另一方面，特殊能力的发展有助于一般能力的发展。例如，音乐能力的发展会提高一般听觉能力，进而影响听觉能力的发展。

（二）体质能力、心理能力和情绪能力

1.体质能力

体质能力包括 9 种基本功能，彼此之间相关性极低。体质能力对于技能要求少而规范性程度高的工作十分重要。比如，一些工作的成功要求耐力、手指灵活性、腿部力量以及其他相关能力，因而需要在管理中确定员工的体质能力水平。

个体在每项能力中，都存在着程度上的差异，而且，这些能力之间的相关性极低。不难理解：一个人在某一项能力中得分高并不意味着在另一项能力中得分也高，如果管理者能确定某一工作对这 9 项能力的要求程度，并保证从事此工作的员工具备这种能力水平，则肯定会提高工作绩效。

2.心理能力

心理能力即从事心理活动所需要的能力。智商测验就是用于确定个人总体的心理能力。一般认为，在心理能力中包括 7 个维度，即算术、语言理解、知觉速度、归纳推理、演绎推理、空间视知觉以及记忆力。

不同的工作要求员工运用不同的心理能力。对于需要进行信息加工的工作来说，较高的总体智力水平和言语能力是成功完成此项工作的必要保证。当然，高智商并不是所有工作的前提条件。事实上，在很多工作中，员工的行为十分规范，很少有机会使他们表现出差异。此时，高智商与工作绩效可以说是无关的。然而，一项很严谨的综述报告指出，无论什么水平的工作，在言语、算术、空间和知觉能力方面的测验分数，都是工作熟练性的有效预测指标。因此，可以测量具体维度的智力测验对预测工作绩效是十分重要的。

3.情绪能力

情绪能力又称情商（EQ）。情商是“情绪商数”的简称，它代表了一个人的情绪智力指数。情绪能力以自我意识为基础，包括同情心、乐观、情绪自制、情绪伪装、影响他人情绪等，对个人的成就有很大意义。

戈尔曼针对职场的工作表现，提出了工作 EQ 的架构。经过不断测试和修正，目前戈尔曼的工作 EQ 内容共有 4 大项 18 小项。

（1）自我察觉。主要内容如下。①意识到自己情绪的变化：解读自己的情

绪，认识到情绪的影响。②精确的自我评估：了解自己的优点及不足。③自信：掌控自身的价值及能力。

（2）自我管理。主要内容如下。①情绪自制力：能够克制冲动及矛盾的情绪。②坦诚：展现出诚实及正直，值得信赖。③适应力：弹性强，可以适应变动的环境或克服障碍。④成就动机：具备提升能力的强烈动机，追求卓越的表现。⑤冲劲：随时准备采取行动，抓住机会。

（3）社交察觉。主要内容如下。①同理心：感受到其他人的情绪，了解别人的观点，积极关心他人。②团体意识：解读团体的发展趋势、决策网络及行政运作。③服务：感知到客户及其他服务对象的需求，并有能力加以满足。

（4）人际关系管理。主要内容如下。①领导能力：以独到的愿景来引导及激励他人。②说服能力：能说服他人接受自己的想法。③发展其他人的能力：通过回馈及教导，来提升别人的能力。④引发改变：能激发新的做法。⑤冲突管理：减少意见相左，协调并达成共识的能力。⑥建立联系：培养与维持人脉。⑦团队能力：具有与他人合作的能力，懂得团队运作模式。

如果一个人在上述 18 项情绪能力中，占有 5～6 项，而且能平均分布在 4 个大项中，那么他的 EQ 能力就很突出了，他在职场上的表现也会很好。

要测量工作 EQ，目前比较广泛使用的量表是情绪胜任力问卷（ECI），总共有 110 个题目。该问卷收集资料的方法很特别，不仅问当事人，也要问他的上司、下属和同事，这样做会使结果更加客观和准确。

三、能力的个体差异与工作匹配

由于每个人的先天和后天条件不同，他们的能力存在着差别，这就是能力的个体差异。对个体差异的发现始于 1816 年美国格林尼治天文台的天文学家贝塞尔。格林尼治天文台的台长马斯克令由于助手把星座运行的记录比他自己所记录的慢了一秒钟，认为这是疏忽大意造成的过失，结果把助手解雇。20 年后，贝塞尔出于好奇，对工作人员的记录做了比较，发现各人在参观天体所记录的时间有一种恒常性的差错，而且差错的幅度随时在变。在管理中，员工能力类型和水平要与工作要求相匹配。如果类型不匹配或能力过低，则会出现生产活动无法顺利进行、满意度下降等后果；如果能力水平过高，则会造成工作麻痹大意、高劳动力成本、满意度下降等后果。

四、能力的测量

考虑到能力的个体差异和各种工作岗位的不同要求，组织行为学强调个人能力与实际工作匹配的问题。心理学的大量研究说明，这个问题解决得不好会给企业带来不良影响。个人能力低于实际工作要求，不仅不能很好地完成任务，个人也有不能胜任的苦闷；个人能力超过实际工作的要求，不仅使人力资源浪费，又会引起个人不满情绪，影响功效。

人的心理特征如能力、气质、性格等确实存在着差异，是可以测量的，然而，测量人的心理特征不是一件容易的事，因为人的心理活动不仅不能直接观察，而且经常变化不定。为了测量心理特征，心理学家做了许多努力。

（一）一般能力测量

1.智力测验

这里的智力主要是指一个人学习和适应环境的能力。系统采用测验方法来测量人的智力，是在20世纪初由法国心理学家比纳和医生西蒙提出的。比纳早年就开始从事智力测验方面的研究，曾花3年时间测验了自己的两个女儿，并于1903年出版了《智力的实验研究》一书。1904年，比纳受法国教育部的委托，参与筹建智障儿童研究委员会，并承担开发一套鉴定智力落后儿童的程序的任务，以便将其从普通儿童中区分出来。1905年，比纳在西蒙的帮助下，编制了一个包括30个项目的正式测验表，每个项目的难度逐渐上升。根据儿童通过项目的多少来评定他们智力的高低。这就是比纳—西蒙智力量表。

2.斯坦福—比纳量表

斯坦福—比纳量表是一种年龄量表。它以年龄作为测量智力的标尺，规定某个年龄应该达到的相应智力水平。智力测验的项目是按年龄分组编制的，每个年龄组的测验都由6个项目组成，内容包括绘画、折叠、给单词下定义、判断词义、回忆故事、进行推理活动等许多方面。随着年龄的上升，项目的难度也逐渐增加。

智龄是对智力的绝对水平的度量，它表明一个儿童的智力达到了哪种年龄水平。早期的智力测验（如比纳—西蒙智力量表）就是用它来表示儿童智力的发展水平。但是，智龄的大小并不能确切地说明一个孩子的智力发展是否超过了另一个孩子。智龄相同的两个孩子，由于实际年龄的不同，他们的智力是不一样的。为了将一个孩子的智力水平与其他同龄孩子进行比较，还必须考虑智龄与实际年龄的关系，并对个体的相对智力做出估计。基于这种考虑，德国心理学家特恩首先提出了智商的概念。

智商即智力商数，常用IQ表示。智商是根据智力测验的作业成绩所计算出的分数，它代表了个体的智力年龄与实际年龄的关系。

智商的计算公式为：

智商=智力年龄/实际年龄×100

按照上述公式，如果一个5岁的儿童的智龄与他的实际年龄相同，那么这个孩子的智商就是100，说明他的智商达到了正常5岁儿童的一般水平；如果一个5岁儿童的智龄为6岁半，那么他的智商就是130，智商为90～110，代表个体的智力水平中等，若智商超过110，说明个体的智力水平偏高；低于90，则说明个体的智力水平偏低。

用智龄和实际年龄的比率来代表智商，称为比率智商。比率智商有一个明显的缺点，即人的实际年龄逐渐在增加，但其智力发展到一定阶段却基本稳定在一个水平上。这样，采用比率智商来表示人的智力水平，智商将逐渐下降。这与智力发展的实际情况不相符。

3.韦克斯勒智力量表

斯坦福—比纳量表是对个体智力状况的综合测量，只能给人一个相当笼统的概念。但智力并不是一种单一的能力，它包含着各种结构成分。在同一人身上，智力的各个成分可能有不同的发展水平。

为了更真实地反映出一个人的智力状况，韦克斯勒编制智力量表并将其分为三种：韦氏成人智力量表，适用于16岁以上的人；韦氏儿童智力量表，适用于6～16岁的人；韦氏学前儿童智力量表，适用于4～6岁儿童。这些量表测量了范围较广泛的能力，项目类别大同小异，差别仅在于内容的难度。

韦氏智力量表的重要特点是废弃了智力年龄的概念，保留了智商的概念。但是韦氏量表采用的智商已不是传统的比率智商，而是离差智商。1960年，斯坦福大学修订比纳量表时也采用了离差智商。所谓离差智商，就是用标准分数来表示的智商。即让每一个被试和他同年龄的人相比，而不像以前比纳量表所用的智商是和更高及更低年龄的人相比。

韦氏智力量表的另一个特点是，不仅能算出一个人在全量表上的离差智商，还能算出他在言语分量表、操作分量表上的离差智商。

（二）特殊能力测验

特殊能力测验用于具有适应某种工作的特殊潜在能力的测量对象。常用的测验有以下四种。

（1）文书能力测验。

（2）机械能力测验，如对工具应用的理解能力、对零部件的操作能力、对空间的知觉能力等。

（3）心理运动能力测验，如选择的反应速度、对单一刺激的反应速度、手指灵活性、臂手协调能力、手眼协调能力、操作能力、速度控制等。

（4）视觉能力，如视觉的准确性、判断空间关系的准确性、颜色辨别力、两眼视线控制力等。

进行能力测试时，可按照职务需要把有关的单项测验连成一套，分组进行，以提高测试效度。心理学家比米斯对424个职务进行了能力测试，发现根据单项实验的信度，其系数的中值为0.22；如果把单项实验连成一组进行，其信度系数的中值可提高到0.42。

第六节　社会知觉管理

一、社会知觉的概念

对社会知觉的研究始于20世纪40年代。此前，心理学家大多局限于对物体知觉的研究过程，忽视了知觉主体本身对知觉的影响。1947年，美国心理学家布鲁纳在建构知觉的所谓新观点的过程中引入了“社会知觉”的概念，指出知觉不仅取决于客体本身，也取决于主体的目的、需要、欲望、态度、情感、价值观和过去的经验等因素，即指明知觉主体的社会决定性。20 世纪 50 年代之后，社会知觉研究得到了进一步的发展。20 世纪 80 年代之后，随着认知心理学的兴起和发展，社会认知已经成为社会心理学的一个主要研究领域。社会认知更侧重于以认知结构或图式的概念来探讨社会知觉的过程。社会认知的研究给传统的社会知觉研究领域注入了新的活力，使我们更能了解社会知觉背后的认知过程。

社会知觉，又称社会认知，它是关于他人和自我所具有的各种属性和特征的一种整体认识，这种认知的结果形成关于他人的印象，在这种印象中包括对他人或自我的了解和判断。简言之，社会知觉即个体对他人、群体以及对自己的知觉。对他人、群体的知觉是人际知觉，对自己的知觉是自我知觉。在社会知觉中，知觉者和知觉对象相互影响、相互作用，因此，认知他人、形成有关他人的印象的过程是知觉主体与知觉客体及环境因素相互作用的结果。

二、社会知觉的种类与过程

（一）社会知觉的种类

1.人际知觉

人际知觉是指我们对他人的判断，以及我们对他人行为的解释。其中“我们”称为知觉者，“他人”称为知觉对象。人际知觉即知觉者和知觉对象情感交流的过程，它是社会知觉最核心的部分。人际知觉涉及对人格、情感、态度、能力、行为及动机等的判断，包括对人的外部特征如面相、手相、动作语言、个性特点及行为的知觉。这种知觉主要是在人际交往中产生的。

2.自我知觉

自我知觉是个体对自己的认识，以自我为认识的对象。自我既是认识的主体，同时也是认识的客体。认识的对象包括个体自己的个性心理的一切方面及相应的行为表现。自我知觉是在交往过程中随着对他人的知觉而形成的。通过对他人知觉的结果和自我加以对照、比较才使个体产生对自己的表象。马克思曾指出，人降生是没有带镜子来的，他是把别人当镜子来照自己的。对自我的知觉与对他人的知觉二者是紧密联系的，对他人的知觉越深刻、越全面，对自我的认识随之而发展。自我知觉对自身的行为有重要的调节作用。正确的自我知觉会使一个人在群体中的行为得体；相反，一个缺乏自知之明的人常常使他的行为遭受各种不应有的挫折。

自我知觉理论由 D. J. 比姆于 1972 年提出，主要阐释行为是否影响态度。当问一个人关于某事物的态度时，个体首先回忆其与这种事物有关的行为，其次根据过去的行为推断出对该事物的态度。自我知觉理论认为态度是在事实发生之后，用来使已经发生的东西产生意义的工具，而不是在活动之前指导行动的工具。

自我知觉理论认为，人们通过自己的行为和行为发生的情境了解自己的态度、情感和内部状态。也就是说，我们对自己内部状态的了解，也像他人了解我们一样，都是通过我们的外显行为。人在许多情况下并不能直接知道自己的态度、情感和其他内在状态。认识自己和认识别人一样，只能通过自己表现出来的行为来推测自己的内心状态。这种推测过程和在推测别人的内心状态时是一样的。也就是说，我们试图使用本质上相同的资料以及相同的归因过程对我们自己的行为进行因果关系的推论。

3.角色知觉

角色知觉是指个体对于自己所处的特定社会与组织中的地位的知觉。角色是在涉及他人的社会活动中，社会对某一特定对象所期望的一种行为模式。它反映一个人在社会系统中的地位以及相应的权利、义务和职责。例如，家庭中的父亲这一角色，使他在家里具有一定的地位，同时，也要求父亲对家庭尽到自己的职责。

一个完整的角色知觉过程包括角色认知、角色行为、角色期望和角色评价。角色认知是指个体对自身在社会和组织中应处的地位及其应承担的责任的认识。例如，父亲要对家庭生计以及扶养和教育子女负责，管理人员要组织和协调好企业的生产经营活动。

角色行为是指一个人由社会或组织所赋予角色的特定的社会行为模式。每种社会角色都有自己的一套规范性的角色行为，有时也称为角色标准化行为。在社会实践活动中，各种人际关系的建立，常常是以彼此对应的角色为基础，只要你获得了某种角色，社会的其他人就会以相应的角色行为来要求你。如一个酒店的服务员，就要有熟练的服务技能、丰富的业务知识和周到热情的服务态度。角色期望又称角色期待，是指组织或他人对个体承担某角色所应有的行为寄予的希望与期待。人在一定的客观环境中，必然会被寄予一定的期望。如群众对于承担领导角色者必然寄予很大的期望，希望其在任时能够为群众带来实在的好处。

角色评价是指他人对个体的角色扮演状况的评估。人们从角色期望开始，最后对角色扮演者的角色行为给予相应的评估。

（二）社会知觉的过程

1.寻找意义

在社会情境中有众多的信息，如他人的言谈举止、扮演的社会角色、群体成员之间的关系、群体的气氛等。面对如此多的信息时，知觉者总是尽力获得一个关于刺激物的有意义的印象。人对每一条信息的理解都要依赖于信息所处的背景。

2.注重显著性信息

我们所处的环境中存在无数的信息，但并不是所有信息我们都能注意到。人们在形成印象时遵循图像背景原则，即直接关注那些从背景中凸显出来的刺激——图像，而对于图像所处的背景或环境注意较少。人们总是利用那些最显著的刺激线索形成印象。

3.对信息进行类比

在社会知觉中，知觉者在收集到许多信息之后，往往将这些信息分门别类进行处理，这一过程就是类别化。类别化在社会知觉中可以帮助知觉者加快信息加工的速度、简化人的认识过程，但是，类别化也常常会导致社会知觉出现错误，如一个人在短时间内的行为表现，并不能代表一个群体或一类人的总体特征。

4.运用图式

图式是过去经验中形成的关于人、群体、角色或事件等的一套有组织的认知系统或架构。当我们接触外界事物时，常在记忆中检索那些与输入信息最符合的图式与之对照，加以理解与解释，这个过程称为图式加工。但过去经验会影响知觉者对信息的收集和选择，进而导致结论的错误或误差。如很多人都认为买彩票可以中大奖，他们总拿某某人一次中了几百万元等作为论据，却忽视了大多数人都没有中奖的事实。

三、社会知觉中的偏见

在现实生活中，由于知觉主体与知觉客体及环境因素的复杂性，人们往往不能全面地看待问题，出现这样或那样的偏差。这种偏差，往往是由于某些特殊的社会心理规律造成的。尤其是当人们看待别人时，往往受到各种偏见的影响而造成对别人的行为做出错误的归因判断。社会知觉偏差主要有以下几种。

（一）首因效应

首因效应由美国心理学家罗钦斯首先提出。首因是指一个人在同他人初次接触时所形成的最初印象。首因效应是指人际交往中给人留下的第一印象至关重要，最先的印象对人的认知具有很大的影响。

首因效应，也叫第一印象效应。第一印象往往通过对他人外部特征的知觉，进而取得对他人其他方面的认识，最终形成关于这个人的印象。这些外部特征包括人的性别、年龄、衣着、姿势、面部表情等。首因效应本质上是一种优先效应，由于首因效应的存在，使得当不同的信息结合在一起的时候，人们对他人的知觉往往表现出这样的倾向，人们总是倾向于重视前面的信息。当人们只获取了有关他人的少量信息时，就力图对他人的另外一些特征进行推理、判断，即使后面的信息与前面的信息不一致，也会屈从于前面的信息，以期形成有关他人的统一、一致的印象。

S. E. 阿希是最早研究有关首因效应对认知影响的社会心理学家。1946 年，他以 7 种描述个人人格特征的词为刺激物，以大学生为被试研究了有关人格印象的形成过程。这 7 种人格修饰语为“精干、坚信、健谈、冷酷/热情、机智、进取、有说服力”。实验分 A、B 两组进行，除第四个人格修饰语不同外（A 组为冷酷、B 组为热情），给予两组被试的刺激语没有区别，提示的方式、时间间隔、重复次数也一概相同。实验结果发现，两组被试都很快根据 7 种人格修饰语描述了该人的人格形象，但两组的印象大相径庭。A 组被试说该人是个“冷型”的人，B 组被试说该人是个“热型”的人；并且两组被试都咬定，在这 7 个修饰语中，最关键的词是冷酷或热情。而阿希将这个词抽出后，用另 6 个词进行的实验表明，两组被试此时形成的印象转变为中性的了，已不再具有前述褒贬性质。据此，阿希得出这样两条结论：其一，印象形成是所有人格要素综合作用的结果；其二，在这些人格要素中，有一种是不同印象形成的主要因素，最早出现的中心词（如冷酷/热情）决定第一印象。

罗钦斯于 1957 年以实验证明了首因效应的存在。他在实验中，用两段杜撰描写一个叫詹姆的学生的生活片段做实验材料。这两段故事描述的是两种完全相反的性格。一段故事中把詹姆描写成一个热情并且外向的人，另一段故事则把他写成一个冷漠而内向的人。两段故事如下。

詹姆走出家门去买文具，他和他的两个朋友一起走在充满阳光的马路上，他们一边走一边晒太阳。詹姆走进一家文具店，店里挤满了人，他一边等待着店员注意他，一边和一个熟人聊天。他买好文具在向外走的途中遇到了朋友，就停下来和朋友打招呼，后来告别了朋友就走向学校。在路上他又遇到了一个前天晚上刚认识的女孩子，他们说了几句话后就告别了。

放学后，詹姆独自离开教室走出校门。他走在回家的路上，路上阳光非常耀眼，詹姆走在马路阴凉的一边，他看见路上迎面而来的是前天晚上遇到过的那个漂亮的女孩。詹姆穿过马路进了一家饮食店，店里挤满了学生，他注意到那儿有几张熟悉的面孔。詹姆安静地等待着，直到引起柜台服务员的注意之后才买了饮料。他坐在一张靠墙的椅子上喝着饮料，喝完之后他就回家去了。

罗钦斯把这两段故事进行了排列组合。

第一种是将描述詹姆性格热情外向的材料放在前面，将描写他性格冷漠内向的材料放在后面；

第二种是将描述詹姆性格冷漠内向的材料放在前面，将描写他性格热情外向的材料放在后面；

第三种是只出示那段描写热情外向的詹姆的故事；

第四种是只出示那段描写冷漠内向的詹姆的故事。

罗钦斯将具有不同组合的材料，分别让水平相当的中学生阅读，并让他们对詹姆的性格进行评价。结果表明，第一组被试中有78%的人认为詹姆是个比较热情外向的人；第二组被试中只有18%的人认为詹姆是个热情外向的人；第三组被试中有95%的人认为詹姆是热情外向的人；第四组被试中只有3%的人认为詹姆是热情外向的人。

上述研究证明了第一印象对认知的影响。在首因效应中，对情感因素的认知常常起着十分重要的作用。人们一般都喜欢那些流露出友好、大方、随和情感的人，因为在生活中，我们都需要他人的尊重和注意。这个特点在儿童身上表现得尤为明显，小孩子都喜欢第一次见了他就笑呵呵的人，如果再给予相应的赞扬，那么儿童就会更加高兴。

对某人的第一印象一旦形成，就会影响到人们对他以后一系列行为的解释。第一印象既有积极的作用，也有消极的作用。第一印象在实际生活中有重要的积极意义。一位新上任的管理人员若给他的下属留下较为满意的印象，则能为日后彼此间接触交往、搞好人际关系和进行有效管理打下良好的基础。良好的第一印象也有助于树立管理人员的威信。一般说来，“新官上任三把火”，这就是指新的领导要特别重视第一印象，要想方设法给下属留下一个积极的印象，为今后工作的顺利开展创造有利条件。

（二）近因效应

近因即个体最近获得的印象，近因效应是指最近的印象对人的认知的影响优于中间部分印象的现象。印象形成中的近因效应，最早由罗钦斯于1957年在《降低第一印象影响的实验尝试》一文中提出。在该文中，他以另一种方式重复了前面提到的关于首因效应的经典实验。具体的做法是，在让被试阅读有关詹姆性格的两段描写文字之间，有一定的时间间隔。即先阅读一段后，让被试做数学题或听历史故事，再读第二段。实验结果与前述实验正好相反，这时对被试进行的詹姆性格的评价起决定作用的已不是先阅读的那段材料，而恰恰是后阅读的那段材料。

近因效应与首因效应相反，是指在多种刺激一次出现的时候，印象的形成主要取决于后来出现的刺激。在社会知觉中既存在首因效应，又存在近因效应，那么，如何解释这似乎矛盾的现象呢？换言之，究竟在何种情况下首因效应起作用，何种情况下近因效应起作用呢？

社会心理学家对此进行了多种解释，具体来说有这样几种看法。

（1）罗钦斯认为，在关于某人的两种信息连续被人感知时，人们总倾向于相信前一种信息，并对其印象较深，即此时起作用的是首因效应；而在关于某人的两种信息断续被人感知时起作用的则是近因效应。

（2）也有人指出，认知者在与陌生人交往时，首因效应起较大作用，而认知者与熟人交往时，近因效应则起较大作用。

（3）怀斯纳认为，首因效应和近因效应究竟何者起作用，取决于认知主体的价值选择和价值评价。他在 1960 年的一项实验中，使用了两套刺激语做实验，一套是阿希实验的 7 种人格修饰语，另一套是测验被试选择能力和比较能力的测验表。让被试对两套刺激语进行评价，然后计算被试对人物人格修饰语的评价值和每对测验表中各项内容的评价值之间的关系。结果发现，被试对人物性格特点的评价取决于对测验表各项内容的评价，即被试究竟喜欢哪一种人格特点取决于其价值观念。

（三）晕轮效应

晕轮效应最早由美国著名心理学家爱德华·桑戴克于 20 世纪 20 年代提出，它是指认知者对他人的认知判断首先主要是根据认知对象的某种特征形成好或坏的印象后，其次再从这个判断推论出认知对象的其他方面特征的现象。

桑戴克认为，人们对人的认知和判断往往只从局部出发，扩散而得出整体印象，也即常常以偏概全。一个人如果被标明是好的，他就会被一种积极肯定的光环笼罩，并被赋予一切都好的品质；如果一个人被标明是坏的，他就被一种消极否定的光环所笼罩，并被认为具有各种坏品质。这就像刮风天气前夜月亮周围出现的圆环（月晕），其实圆环不过是月亮光的扩大化而已。据此，桑戴克为这一心理现象起了一个恰如其分的名称——“晕轮效应”，也称“光环效应”。

从心理学角度分析晕轮效应的形成原因，发现它首先与我们知觉的整体性特征有关。知觉的整体性特征表明，虽然客观事物具有多种属性，由不同部分组成，但人们通常把具有不同属性的各部分组成的对象知觉为一个统一的整体，这是因为知觉对象的各种属性和部分是有机地联系成一个复合刺激物的，譬如，我们闭着眼睛，只闻到苹果的气味，或只摸到苹果的形状，我们头脑中就形成了有关苹果的完整印象，因为经验为我们弥补了苹果的其他特征，如颜色（绿中透红）、滋味（甜的）、触摸感（光滑的），等等。由于知觉的整体性作用，我们知觉客观事物就能迅速而明了，“窥一斑而见全豹”，用不着逐一地知觉每个个别属性了。

此外，对人知觉时的晕轮效应，还在于内隐人格理论的影响。人的有些品质之间是有其内在联系的，人们常常从个人具有的一种品质去推断他的另一种品质。尤其是当存在“核心”品质时，人们更具有这种推论倾向，这使得在知觉中，人们对他人的评价往往具有很高的一致性，即认为好者十全十美、坏者一无是处。这样，对某人只要有了“热情”或“冷漠”的一个核心特征，我们就会自然而然地去补足其他有关联的特征。另外，就人的性格结构而言，各种性格特征在每个具体的人身上总是相互联系、相互制约的。例如，具有勇敢正直、不畏强暴性格特征的人，往往还表现在为人处世上襟怀坦白、敢作敢为，在外表上端庄大方、恳切自然。而一个具有自私自利、欺软怕硬性格特征的人，则会在其他方面表现出虚伪阴险、心口不一，或阿谀奉承，或骄横跋扈。这些特征也会在举止表情上反映出来。于是，人们既可从外表知觉内心，又可从内在性格特征泛化到对外表的评价上。这样就产生了晕轮效应。

（四）刻板印象

刻板印象是指社会上对于某一类事或人产生的一种比较固定、概括和笼统的看法。人们把在头脑中形成的对某类知觉对象的形象固定下来，并对以后有关该类对象的知觉产生强烈影响。比如，中国人勤劳勇敢，英国人有绅士风度；已婚员工比未婚员工更稳定；老年人保守，年轻人爱冲动；北方人豪爽，南方人精明；等等。这些都是刻板印象的例子。

人的心理定式有三个特点：第一，它是由早先的心理活动所形成的，在人的思维活动中表现为一种容易以习惯的方式解决问题的倾向；第二，它是对先前经验的间接、概括性的反映，并影响人的后续心理活动趋势；第三，它具有相对的成熟性和稳定性。心理定式是造成人们认知偏差或偏见的主要原因，怎样才能打破定型化效应呢？最好的方法就是打破思维定式，善于接受新的事物。

（五）投射效应

在人际交往中，认知者形成对别人的印象时，总是假设他人与自己有相同的属性、爱好或倾向等，即把自己的特性投射到其他人身上。这种“以己度人”的现象，在心理学上被称为投射效应。如古代一位喜欢吃芹菜的人，总以为别人也像他一样喜欢吃芹菜，于是一到公众场合就向别人热情推荐芹菜。

投射效应常使人们对他人的知觉产生失真现象。人们倾向于按照自己是什么样的人来知觉他人，而不是按照被观察者的真实情况进行知觉。心理学家罗斯做过这样的实验来研究投射效应：在 80 名参加实验的大学生中征求意见，问他们是否愿意背着一块大牌子在校园里走动。结果，48 名大学生同意背着牌子在校园内走动，并且认为大部分学生都会乐意背，而拒绝背牌的学生则普遍认为，只有少数学生愿意背。可见，这些学生将自己的态度投射到其他学生身上。

投射效应是一种严重的认知心理偏差，其表现形式是多种多样的，主要有以下两种。

一是感情投射。即认为别人的好恶与自己相同，把他人的特性硬纳入自己既定的框架中，按照自己的思维方式加以理解。比如，自己喜欢某一事物，跟他人谈论的话题总是离不开这件事，不管别人是不是感兴趣、能不能听进去。引不起别人共鸣，就认为是别人不给面子，或不理解自己。

二是认知缺乏客观性。比如，有的人对自己喜欢的人或事越来越喜欢，越看优点越多；对自己不喜欢的人或事越来越讨厌，越看缺点越多，因而表现出过分地赞扬和吹捧自己喜欢的人或事，过分地指责甚至中伤自己所厌恶的人或事。这种认为自己喜欢的人或事是美好的，自己讨厌的人或事是丑恶的，并且把自己的感情投射到这些人或事上进行美化或丑化的心理倾向，失去了人际沟通中认知的客观性，从而导致主观臆断并陷入偏见的泥潭。

（六）对比效应

对比效应也称“感觉对比”，是指人们对同一刺激因背景不同而产生感觉差异的现象。例如，同一种颜色，把它放在较暗的背景上看起来明亮些，放在较亮的背景上看起来暗淡些。再如，先吃酸的后吃甜的，会感到后者更甜。

对比效应是一种社会知觉偏见，评价者在评价一个人或一件事时，由于受到最近接触到的其他人或事的影响，进而导致对这个人或这件事的评价发生歪曲，做出不客观的评价。例如，一项经典的研究发现，当求职者面对一个衣着整洁、具有胜任力的其他求职者时，其自我评价水平会降低；而当面对一个邋遢且不具有胜任力的求职者时，其自我评价水平会得到提升。即产生上行比较（与比自己优秀的人比较）和下行比较（与比自己差的人比较）。普遍认为，上行比较会降低个体的自我评价，而下行比较能够使个体产生积极的自我评价。

第四章　基于群体行为的组织行为管理

第一节　群体行为特性

群体间互动行为是指发生在不同群体之间的互相影响和作用。群体互动过程实质上就是群体社会化的过程。

一、群体互动

群体互动行为集中反映出组织中群体与群体之间互动作用的行为特点。群体与群体之间的关系既可以是同一个组织的，也可能是与其他组织中的群体发生的联系。群体互动以某种群体关系为基础，它是连接两个不同组织群体的桥梁。群体之间的关系既有横向的联系，也有纵向的联系；既有组织内部的联系，也有组织外部的联系。

群体间互动行为表现为两种方式：建设性和破坏性。建设性表现为群体之间呈合作状况时，其结果是积极的；破坏性表现为群体之间面临利益冲突时，其结果是消极的。

（一）协同效应

协同效应原本为一种物理化学现象，又称增效作用，是指两种或两种以上的组分相加或调配在一起，所产生的作用大于各种组分单独应用时作用的总和。而其中对混合物产生这种效果的物质称为增效剂。协同效应常用于指导化工产品各组分组合，以求使最终产品性能增强。

1971 年，德国物理学家赫尔曼·哈肯提出了协同的概念。哈肯 1976 年系统地论述了协同论，并发表了《协同学导论》等著作。协同论认为整个环境中的各个系统间存在着相互影响而又相互合作的关系。社会现象亦如此，例如，企业组织中不同单位间的相互配合与协作关系，以及系统中的相互干扰和制约等。

一个企业可以是一个协同系统，协同是经营者有效利用资源的一种方式。这种使公司整体效益大于各个独立组成部分总和的效应，经常被表述为“1+1>2”，安德鲁·坎贝尔等在《战略协同》一书中说：“通俗地讲，协同就是搭便车，当从公司一个部分中积累的资源可以被同时且无成本地应用于公司的其他部分的时候，协同效应就发生了。”他还从资源形态或资产特性的角度区别了协同效应与互补效应，即互补效应主要是通过对可见资源的使用来实现的，而协同效应主要是通过对隐性资产的使用来实现的。蒂姆·欣德尔概括了坎贝尔等人关于企业协同的实现方式，指出企业可以通过共享技能、共享有形资源、协调战略、垂直整合、与供应商的谈判和联合等方式实现协同。

20 世纪 60 年代，美国战略管理学家伊戈尔·安索夫将协同理念引入企业管理领域，协同理论成为企业采取多元化战略的理论基础和重要依据。安索夫首次向公司经理们提出了协同战略的理念，他认为协同就是公司通过识别自身能力与机遇的匹配关系来成功拓展新的事业，协同战略可以像纽带一样把公司多元化的业务联结起来，即公司通过寻求合理的销售、运营、投资与管理战略安排，可以有效配置生产要素、业务单元与环境条件，实现一种类似报酬递增的协同效应，从而使公司得以更充分地利用现有优势，并开拓新的发展空间。安索夫在《公司战略》一书中，把协同作为企业战略的四要素之一，分析了基于协同理念的战略如何像纽带一样把企业多元化的业务有机联系起来，从而使企业可以更有效地利用现有的资源和优势开拓新的发展空间。多元化战略的协同效应主要表现为：通过人力、设备、资金、知识、技能、关系、品牌等资源的共享来降低成本、分散市场风险以及实现规模效益。哈佛大学教授莫斯·坎特甚至指出，多元化公司存在的唯一理由就是获取协同效应。

（二）社会惰化效应

社会惰化效应是指一种倾向，一个人在群体中工作不如单独一个人工作时更努力，个人的活动积极性与效率下降的现象。

产生社会惰化效应的可能原因有：个体知觉，认为群体其他成员不如自己努力，从公平的角度出发，降低自己的努力；群体责任扩散，群体活动的结果不能归结为具体某个人的作用，个体投入与群体产出之间的关系模糊。具有不同文化背景的群体社会惰化效应是不同的。个人主义文化下的群体，其社会惰化效应比较突出。

（三）社会促进效应

社会促进效应是指在别人面前个体绩效水平提高或降低的倾向。即因为他人在场，促进了个体的行为能力或水平的提高或降低。虽然这种效应不完全是一种群体现象，人们可以在别人在场时表现出这种现象，但不是这个群体中的一员——但在群体情境下更可能为社会促进效应的发生提供条件。有关社会促进的研究表明，别人在场时从事简单的、常规性的任务，个体的操作会更快、更精确。但如果从事的是复杂的、需要高度集中注意力的工作，别人的出现可能会对绩效产生消极影响。那么，社会促进效应研究对于管理群体过程有什么意义呢？其意义与员工的学习和培训有关。如果一个人对某项任务非常熟悉，别人在场时他可能会做得更好；反之，对于不太熟悉的任务，别人在场时会降低他的操作水平。因此，通过集体训练员工完成某项具体任务，单独培训员工完成某项复杂任务，群体的相互作用过程会带来最大收益。

特利普赖在 1898 年所做的实验可以说是第一个社会心理学的实验。这个实验表明集体对个人的影响。他的研究显示，儿童在把绳子系在旗子上的时候，有别人在场时比独自一人工作时要快得多。后来，孟斯特伯和莫德相继做了类似的实验。这种集体效应被称作社会促进效应。

最早进行研究的是一位社会心理学家。有一次他偶然发现，自行车运动员训练的时候，单独训练时骑车的速度要比和多个运动员共同训练时慢 20%。后来，他又找来一些儿童，让他们干一种活儿：绕鱼线。干的时候分成两组，一组是一个人单独绕，另一组是集合起来一起绕。结果发现，一起绕线比单独绕线的效率要高 10%。他据此得出结论：个人在集体中活动的效率要比单独活动的效率高。

在开始的时候，人们只注意到活动效率升高这一方面。心理学家孟斯特伯和莫德相继做了类似的实验，又注意到，社会促进作用下活动效率有时也会降低。他们通过实验发现，背诵诗歌、写作文、做数学题的时候，还是单独一个人效果好一些。如果和别人一起做，或者做的时候旁人盯着看，反而会感到心慌意乱，从而降低活动效率。

那么，究竟什么情况下活动效率会提高，什么情况下会下降呢？社会心理学家发现，一个人从事的任何一种活动，总有熟练的地方，也总有不熟练的地方。如果熟练的成分占优势，那么社会促进作用就表现为活动效率的提高；反之，如果不熟练的成分占优势，就表现为效率的降低。比如，我们小时候学写字，有的字写得很熟练，写得也挺好了，还有些字则写得不太熟练。如果熟练的成分占优势，也就是说，如果我们把大部分字都写得很熟练了，那么旁边有人看的时候，我们会受到鼓舞，从而极力表现自己，结果越写越快，越写越好。但是，如果不熟练的成分占优势，也就是说，如果大多数字写得半生不熟，那么旁边有人看时，就会觉得尴尬、着急、紧张。而越是这样，手和脑子就越不听使唤，平时略想一想就能写出来的字，这时会想不起来；平时提笔就能写的字，也会忘得无影无踪；就是勉强还记得的字，也因为紧张而写得歪歪扭扭了。

基于上面的情况，可以学会利用社会促进效应的好处，同时克服它的副作用。当某种活动进行得比较熟练时，就可以大胆地在人前展示一番，这样可以帮助我们进一步提高活动的效率和水平，同时培养信心。如果觉得还不熟练，那就且慢“献丑”，还是独自埋头学习、苦练为好。

当然，有时候不得不出去“献丑”，比如说要进行足球比赛了，踢得不好也要上场亮相。这时，就要抱着向别人学习、请别人指教的态度，努力平静自己的紧张心情，尽量发挥出自己最好的水平。

二、群体压力

群体压力是指由于群体规范的形成而对其成员在心理上产生的压力。群体对个体行为的影响主要通过群体规范所形成的群体压力而起作用。

群体压力一般有信息压力和规范压力两种。

信息压力又分为个人的和社会的信息压力。它存在两种信息来源，当个体长大之后，可以根据这两种信息来源来体验现实及学习正确的行为。一个孩子如果手碰了烧热的炉子，便会知道手因此会被灼伤。人们称这种信息为个人的信息，因为这是来自“尝试错误”的学习。一般来说，个人信息是来自环境中直接获得的物理现实。人们的第二种信息来源不是根据物理现实或个人的体验，而是来自社会现实，这种信息被称为“社会的信息”，因为它是由其他人或其他群体提供的。社会信息也有可能涉及有关物理现实的知识。例如，因为父母告诉了他，所以孩子知道炉子是热的，不能碰。长大后，孩子懂得世界并非由绝对物理现实构成。

费斯廷格和凯利指出，当人们依赖于他人获得社会信息时，他人就获得一种权力，来影响人们的行动或态度。这些他人对人们产生信息压力，因为人们需要他们提供信息，所以人们才会服从他们。

群体成员的行为在受群体压力的影响下，会出现行为的趋同性改变，产生从众行为。从众行为是个体在群体压力的作用下，在知觉、判断和行为上表现出来的与群体相一致的现象。

顺从是指个体为了符合群体或他人的期望和赞许而表现出的符合外部要求的行为。其产生的原因有：为了获得别人赞许，为了实现群体目标，为了保持原有的人际关系，对权力的服从。

第二节　团队管理

一、团队的概念

如果将组织看作一个完整的人体，团体便是构成人体的各类系统，如消化系统、循环系统等，个人则是组织或团队的基本细胞。

从团队的构成要素来看，麦肯锡顾问卡曾巴赫认为，团队就是由少数有互补技能，愿意为了共同的业绩目标而相互承担责任的人们组成的群体。

著名心理学家海伊斯认为，团队是一群人以任务为中心，互相合作，每个人都把个人的智慧、能力和力量贡献给自己正在从事的工作，是组织中的一分子，其显著特征是团结、合作，有共同目标，以任务为导向。

美国著名管理学家斯蒂芬·罗宾斯认为，团队是指一种为了实现某一目标而由相互协作的个体所组成的正式群体。

因此，我们将团队定义如下：因某项相关工作而使具有互补技能的人们组成的特殊类型的群体。团队通过成员的共同努力能够产生积极的协同作用，团队成员努力的结果使团队的绩效水平远远大于个体成员绩效水平的总和。

团队有 5 个重要的构成要素，简称“5P”。

（一）目标

团队应该有一个既定的目标（purpose），为团队成员导航，知道要往何处去；没有目标，这个团队就没有存在的价值。

自然界中有一种昆虫很喜欢吃三叶草，这种昆虫在吃食物的时候都是成群结队的，第一个趴在第二个的身上，第二个趴在第三个的身上，由一只昆虫带队去寻找食物，这些昆虫连接起来就像一节一节的火车车厢。管理学家做了一个实验，把这些像火车车厢一样的昆虫连在一起，组成一个圆圈，然后在圆圈中放了它们喜欢吃的三叶草，结果它们爬得精疲力竭也吃不到这些三叶草。

这个例子说明，在团队失去目标后，团队成员就不知道该往何处去，最后的结果可能是饿死，这个团队存在的价值可能就要打折扣。团队的目标必须跟组织的目标一致。此外，还可以把大目标分成小目标，然后具体分到各个团队成员身上，大家合力实现这个共同的目标。同时，目标还应该有效地向大众传播，让团队内外的成员都知道这些目标，有时甚至可以把目标贴在团队成员的办公桌上、会议室里，以此激励所有的人为这个目标去工作。

（二）人

人（people）是构成团队的核心力量，两个或两个以上的人就可以构成团队。目标是通过人员来实现的，所以人员的选择是团队中非常重要的一个部分。在一个团队中可能需要有人出主意，有人制订计划，有人实施，有人协调不同的人一起去工作，还有人去监督团队工作的进展，评价团队最终的贡献。不同的人通过分工来共同完成团队的目标，在人员选择方面要考虑人员的能力如何，技能是否互补，人员的经验如何。

（三）定位

团队的定位（place）包含两层意思：一是团队在企业中处于什么位置，由谁选择和决定团队的成员，团队最终应对谁负责，团队应采取什么方式激励下属；二是对于个体的定位，成员在团队中扮演什么角色，是制订计划还是具体实施或评估。

（四）权力

团队领导者的权力（power）大小与团队的发展阶段相关。一般来说，团队越成熟，领导者所拥有的权力相应越小。在团队发展的初期阶段，领导权相对比较集中。团队权力关系包括以下两个方面。

（1）整个团队在组织中拥有什么样的决定权，比方说财务决定权、人事决定权、信息决定权。

（2）组织的基本特征，比方说组织的规模有多大，团队的数量是否足够多，组织对于团队的授权有多大，组织的业务是什么类型。

（五）计划

计划（plan）包括以下两层含义。

（1）目标的最终实现，需要一系列具体的行动方案，可以把计划理解成实现目标的具体程序。

（2）按计划运作可以保证团队活动的顺利进行。只有在计划的操作下团队才会一步步地贴近目标，从而最终实现目标。

二、群体与团队的差别

（一）群体与团队

群体是指相互联系、彼此顾及且具有显著共性的多个人的集合，是个体有条件的特殊组合。

团队则是具有互补技能的人组成的群体，他们相互承诺，具有明确的团队目标且共同承担团队责任。

团队和群体经常容易被混为一谈，但它们之间有根本性的区别，可汇总为以下六点。

（1）领导方面：群体有明确的领导者，团队可能不一样，尤其是当团队发展到成熟阶段时，成员共享决策权。

（2）目标方面：群体的目标必须跟组织保持一致，但团队中除了这点之外，还可以产生自己的目标。

（3）协作方面：协作性是群体和团队最根本的差异，群体的协作性可能是中等程度的，有时成员还有些消极、对立，但团队中是一种齐心协力的气氛。

（4）责任方面：群体的领导者要负很大责任，而团队中除了领导者要负责之外，每一个团队的成员也要负责，甚至要一起相互作用、共同负责。

（5）技能方面：群体成员的技能可能是不同的，也可能是相同的，而团队成员的技能是相互补充的，把不同知识、技能和经验的人综合在一起，形成角色互补，从而达到整个团队的有效组合。

（6）结果方面：群体的绩效是每一个个体的绩效相加之和，团队的结果或绩效是由大家共同合作完成的。

群体绩效依赖于个人贡献；团队绩效不但取决于个人贡献，还应该产生团队共同的工作成果。在群体中，个人只为个人的工作结果承担责任；在团队中，与工作结果相关的责任则被视为团队共同的责任。组成群体时，关于群体的技能要求是随机的；而在团队中，团队成员的技能要求是互补的，他们各自发挥自己的特长，共同实现团队绩效增长。

（二）从群体到团队的过渡

从群体发展到真正的团队需要一个过程，需要一定的时间进行磨炼。这个过程分为以下几个阶段。

1.工作组（群体阶段）

在这一阶段，没有重大的业绩增量要求，成员之间的相互影响表现在交流信息、最佳经验或看法上，也表现在做出决定上。在帮助每个人尽职尽责上没有实际的或真正符合理想的方法，也没有共同的目的、业绩目标或共同的产品。

2.伪团队

或许有重大业绩增量要求或机会，成员之间的相互影响抵消了每个成员的个人业绩，也没有产生共同的好处，成员并不真正想实现共同的目标或群体业绩。

3.潜在团队

在这一阶段，群体有重大业绩增量需要，也确实想改善其业绩成果，要求有比较明确的目的、目标或产品，也要求有更多的约束以形成共同的工作方法，没有建立起共同的责任感。

4.真正的团队

有重大业绩增量需要，也确实想改善其业绩成果，成员之间有互补技能，愿意为了共同目的、目标和工作方法而彼此负责。

5.卓越团队

卓越团队具有团队一切特点，同时能对成员的个人成长和成功给予极大的支持，团队的能力远远大于个人能力的总和。

三、团队的特征

团队是一种行之有效的群体运作方式，但其本身不会也不可能自动保证团队的高效率运作。团队组建得成功并不等于拥有高的群体绩效，也不等于必然会带来生产效率的提高。一个高绩效的工作团队需要具备多方面的特征，并要得到组织内外部的充分支持，否则，即使是最完美的团队形式，也不可能产生高绩效。团队的主要特征如下。

（一）成员相互依赖，共同为绩效目标负责；

（二）团队成员彼此承诺，相互之间彼此意识到团队中其他个体，形成一种默契和关心；

（三）一旦给团队确定了使命，如何运作将有较大的灵活性，团队是自我管理型的群体；

（四）团队成员在技能上相互补充。

四、团队的分类

根据团队存在的目的和拥有自主权的大小，可将团队分成几种类型：问题解决型团队、自我管理型团队、多功能型团队、虚拟型团队和知识型团队。

（一）问题解决型团队

问题解决型团队主要关注其责任范围内的特殊问题，提出解决问题的方案。团队成员一般来自同一个部门，每周用几个小时的时间聚会，讨论如何提高产品质量、生产效率和改善工作环境。但是，这种团队几乎没有权力根据这些建议单方面采取行动。

20世纪80年代以来，应用最广泛的问题解决型团队是由8～10个职责相同的员工和主管组成，成员定期聚会，一起讨论工作中面临的质量问题，调查问题的原因，提出解决问题的建议，并在授权范围内采取有效行动。

（二）自我管理型团队

自我管理型团队是一种真正独立自主的团队，它们不仅探讨解决问题的方法，而且亲自执行解决方案，并对工作承担全部责任。自我管理型团队一般由每天必须一起工作以生产一种产品或提供一种完整服务的人员组成。

自我管理型团队可以减少管理层次，形成扁平式的组织机构，对于员工的益处在于，相对于传统的管理团队，自我管理型团队有更高的成长满意度、社会满意度和信任感。

美国德州一汽公司因为推行自我管理型团队而获得国家质量奖。美国最大的金融和保险机构路德教友互动会，由于推行自我管理型团队而在4年的时间中减员15%，业务量增加了50%。麦当劳成立了一个能源管理小组，成员来自各连锁店的不同部门，他们为降低能源消耗提供自己的方案。能源管理小组把所有的电源开关用红、蓝、黄等不同颜色标出，红色开关在开店门的时候打开，关店门的时候关闭；蓝色开关是开店门的时候打开，直到打烊后关掉。通过这种色点系统，他们就可以确定，什么时候开关最节约能源，同时又能满足顾客的需要。这种能源管理小组其实也是一个自我管理型团队，能够真正起到降低运营成本的作用。

但推行自我管理型团队并不总是能带来积极的效果，虽然有时员工的满意度随着权力的下放而提升，但同时缺勤率、流动率也在增加。所以，首先要看企业目前的成熟度如何、员工的责任感如何，其次再来确定自我管理型团队发展的趋势和反响。

（三）多功能型团队

多功能型团队能使组织内（甚至组织之间）不同领域员工之间交换信息，激发出新的观点，解决面临的问题，协调复杂的项目，团队成员需要学会处理复杂多样的工作任务。在成员之间，尤其是在那些背景不同、经历和观点不同的成员之间，建立起信任并能真正合作也需要一定时间。

麦当劳有一个危机管理队伍，责任就是应对重大的危机，由来自麦当劳营运部、训练部、采购部、政府关系部等部门的一些资深人员组成，他们平时共同接受关于危机管理的训练，甚至模拟当危机到来时怎样快速应对，比如广告牌被风吹倒、砸伤了行人，这时该怎么处理。一些人员考虑是否把被砸伤的人送到医院，如何回答新闻媒体的采访，当家属询问或提出质疑时如何对待。另外一些人要考虑的是如何对这个受伤者负责，保险由谁来出。所有这些都要求团队成员能够在复杂问题面前做出快速行动，并且进行一些专业化的处理。

虽然这种危机管理团队究竟在一年当中有多少时候能用得上还是个问题，但对于跨国公司来说是养兵千日、用兵一时，因为一旦问题发生就必须妥善解决。在面临危机的时候，如果做出快速而且专业的反应，危机会变成生机，问题会得到解决，而且还会给顾客及周围的人留下很专业的印象。

（四）虚拟型团队

虚拟型团队是指不同空间的个人通过信息技术进行合作的团队组织形式。与以上三种团队不同的是，虚拟型团队不需要团队成员之间的密切的面对面接触来工作，可以跨时间、跨地区甚至跨组织工作。

虚拟型团队的核心特征是人、目标和联系，这和其他团队有相似之处，但是虚拟型团队最显著的特征是用一系列信息技术为纽带来联系成员和实施任务。虚拟型团队的核心要素是团队中的信任问题。

（五）知识型团队

根据美国知识型团队管理专家 Karl Eric 的定义，知识型团队是指运用高智力资本从事创新型工作的群体。而目前学术界对于知识型团队并没有明确的定义。综合目前的研究成果可知，知识型团队是团队概念的延伸，其主要特征为：承担超常规创新性复杂任务，成员拥有独特的专业技术，团队知识需要进行共享、整合和重组。

五、团队的价值

我们选择一个团队，就会享受团队带来的增值成果，只有把精力放在建立有意义的团队使命和完成具体的业绩目标上，我们才会考虑怎么做才最符合团队的整体利益。只有这样，当团队成员遭遇挫折和困难时，才不会因外在阻力和内在冲突而导致团队散伙，或者造成大量人员流失。只有当每个成员都具备一种完成团队使命的责任感时，其才会克服种种风险、压力、阻碍，从而更快地实现个人目标。

什么是团队？团队是一个由不同背景、技巧和能力的人组成的高度沟通的群体，他们具有共同的使命感和明确的目标。21 世纪是一个追求个人价值实现与团队绩效双赢的世纪。个人单打独斗的时代已经远去，团队合作、资源整合的时代已经到来，仅靠我们自己去完成需要做的事情往往困难重重，且效率低下。虽然我们应该做到自力更生，但并不意味着拒绝与别人合作。每个人都有各自独特的才能，也必定有着不同的需求、不同的工作方式以及对事物的不同看法。为了能让他人在工作中与自己一起发挥才能，我们必须做到求同存异，找到与他们和谐有效一起工作的方法。尽管每个人的目标和志向不尽相同，但通过相互合作，就能实现这些目标和志向，团结合作才能更好地集思广益，充分发挥各个成员的特长和优势。

团队，从字面上看，就是团结在一起的队伍。团队中的每一位成员既需要个人责任感，也需要相互负责。他们通过讨论、争论、冲突和决策，分享信息，交流经验，相互为实现既定的目标而投入各自的才能、技术和热情，促进在业绩水平上的相互提高。

团队为何如此盛行？其根本原因在于团队的价值。

团队给组织带来的益处有：

（1）团队有助于企业提高运行效率；

（2）团队有助于企业更好地发挥员工的能力；

（3）团队有利于激励员工；

（4）团队促进员工参与决策；

（5）团队有助于企业降低成本；

（6）团队有助于企业建立优秀的企业文化。

优秀的团队并非全是由优秀的个人组成，但优秀的团队一定能塑造出优秀的个人。单靠个人无法完成任务，但一个没有组织性的团队也不能圆满完成任务，有条理、有组织、默契配合，相互支持才能成功。没有完美的个人，但通过团队协作，完全能够成就完美的事业。

六、组织中的团队建设

（一）明确的目标

明确的目标可以让团队凝结成一个强有力的整体，其原因有以下三点：

（1）明确的团队业绩目标能够以一种不同于企业整体任务和个人工作目标的方式来定义工作产出，简单的例行公事般的决策不可能长久维持团队的优秀业绩；

（2）明确的团队业绩目标能够增进团队内部明晰的沟通和建设性的碰撞；

（3）明确目标的可行性能帮助团队集中精力于如何获得结果。

（二）适度的规模

为了使团队成员之间都能够充分了解并且互相发生影响，保证团队结构的简单化和组织目标的纯正，应当严格控制团队成员数目，一般不要超过 12 人。适当的团队规模容易形成较强的团队凝聚力、忠诚感和相互信赖感。如果一个工作单位本身较大，而你又希望达到团队的效果，那么可以考虑把群体分解成几个小的工作团队。

（三）适宜的团队结构

从团队层级的角度来看，团队包括团队领导和团队普通成员。团队应选择合适的领导和结构来协调团队成员的不同意见并解决团队中的日常问题。

例如，如何安排工作日程、如何解决内部冲突、如何分配具体的工作任务使之与团队成员的个人能力相匹配、如何做出和修改决策以及如何获取外部资源等。

（四）合理的激励机制

团队应建立公正、明晰的评价标准，让每个成员的贡献都可以衡量，每个成员都可以清楚地看到其他成员做了什么，而且每个成员都对自己的行为负责。

尽管团队中有一定余地可以兼容不同工作风格的员工，但也要制定统一的业绩标准（工作的效率和品质是所有成员都应当遵守的基本标准），以防止不公平现象，避免团队内由此引发的冲突。

（五）团队培训

通过培训来保证团队成员价值观与团队价值观相一致，矫正团队成员的个人行为，保证团队成员工作的高效率。

在团队培训中，成员对新知识和信息的接受至关重要。培训已经不是传统意义上集中时段的训练，而应该是即时的、全方位的学习。要让团队成员感觉到学习的紧迫性，并把每个学习机会转变成交流和合作的机会。

（六）团队文化建设

首先，增强成员对团队的认同感，使团队成员为自己是团队的一员而感到自豪。如果团队成员都能有“同呼吸、共命运”的感觉，将会对团队管理非常有利。

其次，让每个团队成员认识到他们之间的协作以及贡献对于团队的成功是至关重要的。换句话说，没有他们的贡献，团队将会以失败告终。

（七）培育团队成员之间的信任

团队领导如何赢得成员的信任呢？威尔逊和乔治在《团队领导生存手册》中指出，要建立团队内的信任，团队领导应该做好以下 9 点：

（1）必须知道自己所做的事是否对建立团队内部的信任有意义；

（2）能识别同伴间的不信任以及不信任对团队的不良影响；

（3）要知道如何避免信任陷阱，如随便猜疑别人、掩饰自己、不守承诺、混淆信息等；

（4）在陷入信任陷阱时，有自己信任和尊重的人来提醒自己；

（5）坦率表达自己的看法；

（6）善于倾听别人的谈话；

（7）适当的时候，承认自己没有掌握所有的解决办法；

（8）让别人提供反馈意见，同时要对别人的意见做出合理的、恰当的反馈；

（9）要告诉别人，你是非常信任他们的。

（八）做好角色分配

团队中有自然的角色分配，这种分配不是某种组织形成的，不是职责分配形成的，而是由每个人天然的人格、特性、处事态度形成的。英国的贝尔宾博士及其同事经过多年在澳大利亚和英国的研究与实践，提出了著名的贝尔宾团队角色理论。

第三节　沟通管理

一、沟通的模式

群体的沟通是指群体成员之间思想、情感、信息和行为的交流过程。沟通是人与人之间发生联系的最主要的方式，人醒着的时候大约有70%的时间在进行沟通。在组织中，沟通的效能越高，员工的满意度也就越高。高级管理人员把78%的时间花在口头沟通上，专业技术人员把61%的时间花在口头沟通上，在几乎所有的管理层中，约有75%的时间花在各类沟通中。从研究者对中层管理人员的研究来看，通过管理人员用于沟通的时间可以预测管理人员的工作绩效。

群体沟通的基本模式包括八个基本要素：发送者、编码、信息、渠道、解码、接收者、噪声和反馈。按照这个模式，信息沟通可以分成以下步骤：发送者获得了某些观念、想法、事实，并且有了传递出去的意向。对一个有效的沟通系统来说，这一步极为重要。发送者把头脑中的想法进行了编码从而产生信息，信息实际上是发送者进行编码后产生的一种物理产品。渠道是信息传输的媒介，它由发送者进行选择，以确定是使用正式渠道还是非正式渠道。接收者是信息指向的客体。接收者将所获得的信息译解，转化为接收者的主观理解意念。这个步骤是对信息的解码，接收者根据他所理解的意念加以判断，以采取各种不同的反应。噪声代表那些能使信息失真的沟通障碍。沟通的最后一个环节是反馈回路，它被用来确定信息是否被正确理解。

二、信息沟通的类型

信息沟通是指可解释的信息由发送人传递到接收人的过程。具体地说，它是人与人之间思想、感情、观念、态度的交流过程，是情报相互交换的过程。从沟通的方向看，分为上行沟通、下行沟通、横向沟通；从沟通的正式性看，有正式沟通、非正式沟通；从言语使用的情况看，有言语沟通、非言语沟通；从沟通双方的地位看，有单向沟通、双向沟通；从沟通的方式看，有口头沟通、书面沟通。

（一）三种沟通方向

从信息流动的方向来看，沟通分为上行沟通、下行沟通和横向沟通。

上行沟通是指基层管理人员或员工通过一定渠道与管理决策层进行信息交流，如员工和上司之间的交往和联系，针对特定问题向上级汇报、征求意见等。卡兹与卡恩认为，这种沟通方式大体有五种目的：

（1）传递工作指示；

（2）促进对于工作及其他任务的关系的了解；

（3）向下级提供关于程序与实务的资料；

（4）向下级反馈其工作绩效；

（5）向职工阐明组织的目标，使职工增强任务感。

此外，这种自上而下的沟通能够协调组织内各层级之间的关系，增强各层级之间的联系。这种沟通形式受到古典管理理论学者的重视，今天仍然有许多企业沿用这种沟通形式。

与上级沟通时的建议：除非上级要听，不然不说；若意见相反，不要当面争辩；若意见不一致，先表达认同；若意见相同，要赶快肯定；要补充意见，征求上级同意；要顾及上级的面子、情绪和立场。

下行沟通的目的有：

（1）传达工作程序的具体任务指令；

（2）提供组织程序和实践的信息；

（3）提供工作理由的信息；

（4）告诉下属他们的工作表现；

（5）促进目标的实现。

下行沟通注意事项：不急着说，先听听看；广纳建议，接纳谏言；态度诚恳，语带亲切；长话短说，少说大话；下级做对，马上赞扬；部属有错，暗室规过；掌控情绪，不伤和气。

横向沟通是指同事之间及同级部门之间的信息沟通，横向沟通大多发生在工作的交流上，是企业实现团队精神的重要保证，对于增强公司凝聚力有很大的帮助。如部门会议、协调会议、员工面谈、备忘录、主题报告、例行的培训等。早年法国管理理论家法约尔设计了一个联系板，以使组织中不同等级线路中相同层次的人员能在有关上级同意的情况下直接联系。

横向沟通的注意事项：容忍差异；同事间要多注意礼节和人际关系；就事论事，尽量协商出对彼此有利的结果；有争议时，避免争吵，可请上司出面协调；平时要建立起互助、友好的默契；树立内部服务观念，你的内部顾客对你满意或不满意会通过各种方式传达给你的上司或外部顾客。

（二）正式沟通和非正式沟通

正式沟通有几种具体的沟通形态。据研究，以5个人为一个群体为例，基本上可有五种沟通形态，即链式、圆环式、Y式、轮式、全方位式。

（1）链式。这是一个平行网络，其中居于两端的人只能与内侧的一个成员联系，居中的人则可分别与两人沟通信息。在一个组织系统中，它相当于一个纵向沟通网络，代表一个五级层次，逐渐传递，信息可自上而下或自下而上进行传递。在这个网络中，信息经层层传递、筛选，容易失真，各个信息传递者所接收的信息差异很大，平均满意程度有较大差距。此外，这种网络还可表示组织中主管人员和下级部属之间中间管理者的组织系统，属控制型结构。在管理中，如果某一组织系统过于庞大，需要实行分权授权管理，那么，链式沟通网络是一种行之有效的方法。

（2）圆环式。此形态可以看成链式形态的一个封闭式控制结构，表示5个人之间依次联络和沟通。其中，每个人都可同时与两侧的人沟通信息。在这个网络中，组织的集中化程度和领导人的预测程度都较低；畅通渠道不多，组织中成员具有比较一致的满意度，组织士气高昂。如果在组织中需要创造出一种高昂的士气来实现组织目标，圆环式沟通是一种行之有效的措施。

（3）Y 式。这是一个纵向沟通网络，其中只有一个成员位于中心，成为沟通的媒介。在组织中，这一网络大体相当于组织领导、秘书班子再到下级主管人员或一般成员之间的纵向关系。这种网络集中化程度高，解决问题速度快，组织中领导人员预测程度较高。除中心人员外，组织成员的平均满意程度较低。此网络适用于主管人员的工作任务十分繁重，需要有人选择信息、提供决策依据，节省时间，而又要对组织实行有效的控制的情境。但此网络易导致信息曲解或失真，影响组织中成员的士气，阻碍组织提高工作效率。

（4）轮式。属于控制型网络，其中只有一个成员是各种信息的汇集点与传递中心。在组织中，大体相当于一个主管领导直接管理几个部门的权威控制系统。此网络集中化程度高，解决问题的速度快。主管领导的预测程度很高，而沟通的渠道很少，组织成员的满意程度低，士气低落。轮式网络是加强组织控制、争时间、抢速度的一个有效方法。如果组织接受紧急攻关任务，要求进行严密控制，则可采用这种网络。

（5）全方位式。这是一个开放式的网络系统，其中每个成员之间都有一定的联系，彼此了解。此网络中组织的集中化程度及主管人的预测程度均很低。由于沟通渠道很多，组织成员的平均满意程度高且差异小，所以士气高昂，合作气氛浓厚。这对于解决复杂问题、增强组织合作精神、提高士气均有很大作用。但是，由于这种网络沟通渠道太多，易造成混乱，且又费时，影响工作效率。

非正式沟通是指在正式沟通渠道之外进行的各种沟通活动，一般以办公室人员之间的交往为基础，通过各种各样的社会交往而产生。其作用可弥补正式沟通的不足，传递正式沟通无法传递的信息，使办公室领导了解在正式场合无法获得的重要情况，了解办公室人员私下表达的真实看法，为决策提供参照；减轻正式沟通渠道的负荷量，促使正式沟通提高效率。

非正式沟通和正式沟通不同，因为它的沟通对象、时间及内容等各方面都是未经计划和难以辨别的。由于传递这种信息一般为口头方式，不留证据、不负责任，许多不愿通过正式沟通传递的信息，却可能在非正式沟通中透露。

非正式沟通可以分为以下四种沟通形态。

（1）集束式。在沟通过程中，可能有几个中心人物，由这些中心人物来转告若干其他人，而且具有某种程度的弹性。

（2）流言式。由一人告知其他所有人，犹如独家新闻。

（3）偶然式。碰到什么人就转告什么人，没有一定的中心人物或选择性。

（4）单线式。由一人转告另一人，另一人再转告其他单个人。这种情况最为少见。

上述沟通形态各有优缺点。主管人员在管理实践中，要进行有效的人际沟通，就需发挥其优点，避免其缺点，使组织的管理工作水平逐步提高。

此外，还有一些非正式沟通渠道，如小道消息。信息以小道消息方式传播，流言与真实的信息伴生。小道消息的特点有：不受管理层控制；大多数员工认为它要比正式信息更可靠、准确。研究表明，群体内部小道消息的联络者是固定的某些人群，75%的群体内部信息是准确的，但范围扩大后，信息将极大失真。但是，小道消息也有十分重要的功能。它可以缓解焦虑，使支离破碎的信息系统化；小道消息还可以把群体成员甚至包括局外人组织成一个群体，甚至还可以表明信息发送者的地位。

减少小道消息消极影响的建议：公开重大决策的时间安排；公开解释那些看起来不一致或隐秘的决策和行为；对目前决策和未来计划，强调其积极的一面的同时，也指出其不利的一面；公开讨论事情可能的最差结局，这要比无言的猜测所引起的焦虑程度低。

第四节 从众、冲突、竞争及合作管理

一、群体中的从众

（一）从众行为及其类型

1.从众

人总是生活和工作于一定群体之中，群体这样一种生存方式和生活条件给人的行为带来了许多特殊的作用和影响，使他们出现了许多在个人独处的条件

下不可能出现的行为以及行为规律。从众、冲突、竞争、合作等都属于这种群体中特有的行为。

如果我们到了一个新的环境、新的群体中，我们怎样才能尽快地融入其中，让人家尽快地接纳我们呢？最基本的诀窍就是要表现出比较“随和”，即尊重新的环境、遵从新群体的规范，采取与新环境、新群体中大多数人相一致的行为。中国人说“入国问禁，入乡随俗”，西方人说“到了罗马就要按照罗马人的方式”，讲的都是这个道理。如果坚守自我而不肯随俗呢？那就会被别人视为“异类”而遭到冷落、非议、孤立和排斥，就会“木秀于林，风必摧之；堆出于岸，流必湍之，行高于人，众必非之”，就会“出头的椽子先烂”。这里的所谓“随和”在社会学中称为从众行为，亦称相符行为、遵从行为，是指个体在群体压力之下心理与行为与群体中大多数人趋同。从众行为是一种极为常见的社会现象，平常我们说的随波逐流、随大溜等都属于从众。不过，社会生活中的从众比较宽泛，而本节主要是从群体与管理的角度来研究从众，范围要窄一些。

2.从众的类型

从众现象表现在两个方面，一个是心理上是否从众，另一个是行为上是否从众。因此可以把从众分为完全独立、自尊独立、权宜从众以及完全从众四种类型。

（1）完全独立。完全独立即从心理到行为都坚守自己，固执己见，特立独行，我行我素。所谓“任凭风浪起，稳坐钓鱼船”，所谓“咬定青山不放松，任尔东南西北风”，都属于完全独立，可以称为“心不服口也不服”。

（2）自尊独立。自尊独立是指心理上已经放弃自己原来的立场和观点，接受或认可了主流意见，但碍于自尊、面子或没有下台的台阶，于是在行为上仍然固执地坚持自己的一贯做法而不肯表现出从众。这可以称为“心服口不服”。

（3）权宜从众。权宜从众是指心理上仍然保持独立，固执己见，不赞同主流意见，但出于自我保护的目的，不愿意与主流意见采取外部对抗的方式，于是以暂时的委曲求全作为权宜之计，在行为上表现出屈从主流意见的从众。说得文雅些是“韬光养晦”“尺蠖之屈，以求信也”。说得通俗些就是“好汉不吃眼前亏”“识时务者为俊杰”“人在屋檐下，不得不低头”。这可以称为“口服心不服”。

（4）完全从众。完全从众是指从心理到行为都放弃独立，接受主流，采取从众，也就是平时我们所说的“口服心服”“心悦诚服”。

（二）从众的原因与制约因素

1.从众的原因

大量实验研究表明，群体压力是导致从众的原因，出现从众是顺应压力的结果。具体地说，群体压力主要来自以下几个方面。

（1）群体的一致性原则。群体有三种管理模式：一种是放任式，即群体成员可以各行其是，放任自流，不追求整个群体的一致性；另一种是民主式，即将群体中多数成员的意志作为整个群体一致性的基础；还有一种是专制式，即将群体中领袖人物的个人意志作为群体一致性的基础。放任式群体不要求一致性，群体成员没有从众压力，很好地保护了成员的个人意志，但这样的群体不过是一盘散沙、乌合之众，不可能很好地承担与发挥群体的功能，存在的价值有限，即使存在也很容易解体。民主式群体与专制式群体则由于达成了群体的一致性，从而将个人意志转化为群体意志，可以较好地承担与发挥群体的功能，但又要以放弃个人立场为代价。可见，一致性是群体的基本原则，没有一致性就没有群体或群体的优势。所以寻求一致、顺应一致这是每个群体成员心目中不证自明的公理和社会公认的处事原则。换句话说，既然身处一定群体，就意味着已经在一定程度上容忍了从众。

（2）加入群体的需要与动机。既然加入群体必然要从众，而从众就意味着要在一定程度上放弃个人意志，以群体的意志为意志，那么有着个人意志的人为什么还要加入群体呢？因为人的任何需要的满足都离不开群体。人越是缺乏自信，越是感到势单力薄，越是渴望安全、关爱、有所归属、得到承认时，就越是要加入一定的群体。当满足需要的动机超过个人意志自由时，人就会自觉地从众。当然，如果个人的动机与目标和群体的目标相一致时，从众就会更加主动与自觉。

（3）共同的信息来源。人是根据自己掌握的信息进行决策、采取行动的。而个人一旦进入一定群体后，群体就成了个人最主要、最直接的信息来源。由于群体成员面对着相同的信息来源所提供的相同的信息，自然在心理与行为方面会表现出一致性。在群体比较封闭、信息来源比较单一、信息量不足、前景与环境中不确定性比较多的情况下，尤其如此。许多邪教组织控制追随者利用的就是这个道理：一方面是通过布道、修炼等反复地、长期地对信众进行饱和式的信息轰炸；另一方面是通过过剩的群体活动在时间和空间上隔绝其他信息来源。希特勒的宣传部部长戈培尔信奉“谎言重复千遍就会成为真理”，中国古人说“众口铄金”“三人成虎”，道理就在于此。

（4）群体规范的压力。群体的一致性不仅表现为信息的一致性，而且表现为文化的一致性，不仅表现为自觉的和主动的一致性，而且表现为强迫的和被动的一致性。群体规范就是这种文化一致性、强制一致性的表现和载体。从众就是遵循规范，就是正常，就可以受到社会的赞许，独立就是偏离规范，就是越轨，就要受到社会的谴责。所谓“没有规矩，不成方圆”，就是这个道理。可以想象，规范越严格，压力就越大，就越容易从众。为什么军队最能整齐划一呢?原因就是军法无情、军令如山。

2.制约从众程度的因素

从众不仅有是否的区别，还有程度的不同。制约从众程度的因素有很多，主要来自群体与个体两个方面。

（1）群体因素

其一，群体的规模。一般来说，群体规模越大，越容易出现观点的多样性，群体规模越小，越容易从众。

其二，群体的人际关系与凝聚力。一般是群体内部的人际关系越好、越和谐，群体凝聚力越强，就越容易从众，否则就容易出现意见分歧。

其三，群体的特征。群体有统一的价值观，群体工作的性质需要合作，群体成员之间的共性更多，就更容易从众，否则就不容易从众。

其四，群体的舆论。群体对从众越是鼓励、宽容，对拒绝从众的惩罚越是严格、严厉，就越容易从众，否则就不容易从众。

（2）个体因素

其一，智力与知识水平。个体的智力水平越低，知识越匮乏，独立的认识和判断能力越差，就越容易从众，因为独立的判断是以独立的认识能力为前提的。

其二，个性。一般来说，个性越是随和，依赖性、服从性和易暗示性越是强，越是喜欢确定性和稳定性的人，越容易从众，而个性独立、意志坚定、特立独行的人，不容易从众。

其三，年龄与成熟度。人通常在青春期前是最容易从众的。成年后，随着阅历的增长、心理的成熟、世界观与价值观的稳定，从众会逐步减少。

其四，能力与自信。能力强、自信心强、有成功经验的人，不容易从众，能力越差、越缺乏自信和成功经验的人，越容易从众。

其五，与群体的关系。一般来说，个人与群体的关系越是融洽，对群体的满意度越高，对群体的依赖性越强，就越容易从众，相反则不容易从众。

（三）从众行为与组织管理

1.基本原则

从众本身是一种规律性的现象，凡有人群的地方都会有从众。在组织管理中，面对从众，基本的原则是要具体地分析从众行为的成因及其性质，分别采取针对性的对策。就与组织目标的关系而言，从众可分为：有利于组织目标实现的积极从众，如遵章守纪、整齐划一等；不利于组织目标实现的消极从众，如集体性的怠工、集体性的抗命等；与组织目标没有直接关系的中性从众，如时髦的服饰、流行的歌曲等。相应地，在管理上也无非就是加强积极从众，削弱消极从众，淡化中性从众。

2.具体措施

（1）改变群体及群体规范。增加群体内部的合作机会，融洽群体内部的人际关系、强化群体规范等，可以加强从众；减少群体内部的合作机会，淡化群体内部的人际关系、弱化群体规范等，可以削弱从众。

（2）改变信息沟通。加强对信息沟通的内容、渠道、频率等的控制是控制从众行为最有效的措施之一。

（3）加强教育。加强价值观、是非观、组织文化等方面的教育与灌输，提高群体成员的自信心和正确的、独立的分辨能力等，是对从众行为根本上的控制。

二、群体中的冲突

（一）群体冲突及其类型与作用

1.冲突

所谓冲突是指双方或多方之间，彼此感受到对方对自己的目标与行为产生或将要产生不利影响。冲突与从众是相逆的行为过程，它们都产生于差异与对立，不同之处在于从众是一方对另一方的服从，冲突则是双方的对抗与抵触。

冲突是非常普遍的现象，可以说，有人群的地方就会有冲突。有调查表明，管理者有大约20%的时间用于处理各种各样的冲突。因此人们很早就已经认识到冲突的存在及其影响，并力图解释和解决冲突。荀子说："人之生不能无群，群而无分则争，争则乱，乱则穷矣！"从管理理论的角度讲，关于冲突及其作用，先后产生过传统的、人际关系的、相互作用的三种观点。

（1）传统观点排斥冲突。20世纪三四十年代，在管理理论中占统治地位的是关于冲突的传统观点。这种观点把冲突看成管理不善造成的组织病态，完全是对组织有害的东西。建立在这种认识上，对冲突的管理必然是，冲突尚未出现时要尽可能避免冲突，冲突已经出现时要立即消灭冲突。

（2）人际关系观点接纳冲突。20世纪40年代末到70年代中期，关于冲突的人际关系观点是管理理论中的主流。这种观点认为，对所有的群体和组织而言，冲突都是与生俱来的东西，是组织的常态。冲突不仅是不可避免的，还往往是越压制反而越激化的。因此从管理上来说，既然冲突不可避免，不可简单排斥，组织就要接纳冲突，然后使它合理化。

（3）相互作用观点鼓励冲突。20世纪70年代末以来，关于冲突的相互作用的观点越来越为管理理论与实践所接受。这种观点认为，完全没有或不鼓励冲突的组织往往因循守旧，没有活力，对改革和创新表现出冷漠和迟钝，而适度的冲突则可以使组织保持生机与活力，善于自我批评和不断创新。所以从管理上说，不能简单地认为冲突是好东西还是坏东西，冲突的好坏一是与冲突的类型有关，二是与冲突是否适度有关。

需要说明的是，以上三种观点虽然在产生时间上先后有别，但它们并不是彼此取代的关系，也不能离开实际去抽象地评价它们孰优孰劣。即使是在今天，这三种观点在不同的社会文化背景、不同性质和任务的组织、不同的组织文化和管理者中都还有自己的适用对象、实践者和市场。

2.冲突的类型

（1）根据冲突的原因，可以将冲突区分为目标冲突、认知冲突、情感冲突、程序冲突。目标冲突是双方追求的目标有分歧、抵触、不一致。认知冲突是双方的思想、观点、观念、意见不相容。情感冲突是双方相互反感或厌恶、缺乏信任、情绪对立或抵触。程序冲突是双方在目标相同的前提下，解决问题及完成任务的方式、方法、途径、步骤等不一致。一般来说，目标冲突是客观的、根本性的、实质性的，因而程度最重，解决也最困难；认知冲突和情感冲突主要是主观世界的问题，因而程度次之，通过充分的沟通，建立互信互谅，可以解决；程序冲突由于有共同目标作为基础，因而不是根本性、实质性的分歧，程度最轻，较易达成妥协一致。

（2）根据冲突的范围，可以将冲突区分为心理冲突、人际冲突、群际冲突。心理冲突指发生于个体内部的目标、愿望、情感、思想等心理方面的矛盾与失调。人际冲突是指个体与个体之间观念、立场、角色、利益、知识、信息、情感等方面的不一致、不和谐，甚至对立、对抗等。群际冲突是指群体与群体之间在目标、职责、权限、资源、利益等方面的矛盾、牵制、争夺、推诿等。在现实中，这几种冲突之间是有可能相互交叉、相互转化的。

（3）根据冲突的后果，可以将冲突分为功能正常的冲突、功能失调的冲突。功能正常的冲突是指能够提高工作绩效、对组织与群体有利的冲突，亦称良性冲突或建设性冲突。功能失调的冲突是指导致降低工作绩效、对组织与群体不利的冲突，亦称恶性冲突或破坏性冲突。要特别注意的是，这两种冲突并没有明确的和绝对的界限。同一场冲突，对此方是功能正常的冲突，对彼方也可能是功能失调的冲突，适度的时候是功能正常的冲突，过度的时候就会转化为功能失调的冲突。

3.冲突的作用

（1）冲突的积极作用。适度的冲突给组织带来的好处主要是：

其一，激发与助长。在冲突中，求胜的本能使人处于比较积极、兴奋的状态，通过振作精神、激发斗志、集中力量、动员潜能等，可以提高工作绩效，作用类似于斗牛士手中的红布。

其二，制约与平衡。在冲突中，趋利的本能会驱使人们重新审视自己的利益、权限、资源、职责等，通过争夺、调整、妥协、再分配等，达到一种彼此都能够认可的相互制约和动态平衡，在一定程度上可以抑制歧视、垄断、不公和集权等现象。

其三，暴露与减压。适度的冲突，一方面可以使原本潜在的矛盾暴露出来，引起人们的关注，进而及时解决问题，起到类似“预警器”的作用，另一方面也可以使冲突的能量得到一定程度的持续释放，进而缓解矛盾，起到类似“减压阀”的作用。这些都可以使组织不至于出现因矛盾不断积累而导致突发性、毁灭性的总爆发。

其四，凝聚力。群体外部的冲突可以增强群体内部的凝聚力。

其五，沟通与合作。无论出于战胜对方，还是利用对方的目的，冲突都会激发双方彼此相互了解的愿望，从而为双方的沟通与合作创造需求和动力，所谓“不打不成交”。

（2）冲突的消极作用。

其一，资源浪费。冲突中，双方都会出于战胜对手的动机，而不是出于做好工作的动机而动用资源，也就是说，冲突中一部分资源被工作以外的对象所消耗掉了。

其二，额外压力。由于冲突，人们背负的压力不仅来自必须做出比以往更多更好的工作本身，还来自必须战胜对方、证明自己。

其三，精力转移。由于冲突，人们势必把相当一部分精力分散到工作以外，以求得冲突中的主动和优势。

其四，关系恶化。无论是因为什么原因所导致的冲突，一旦过度，后果最终都会集中体现在人际关系、群际关系的恶化上，导致冲突方敌意增加、偏见加剧、沟通减少、内耗严重等。

其五，非理性解决。冲突过度或我方处在被动地位，都有可能使一方，最终是双方，动用一切可能的手段，包括不道德的、不合法的、不理智的手段，意气用事，感情用事。

（二）冲突的发展过程

冲突不是一个孤立的事件，而是由一系列密切相关的发展阶段构成的复杂过程。这一过程的每一阶段都前有因，后有果，所谓“冰冻三尺非一日之寒”。有学者将冲突从原因、发现、处理到结束的整个发展过程划分为潜在的对立或不一致、认知和个性化、行为意向、行为、结果五个阶段。

1.冲突的原因：潜在的对立或不一致

冲突过程开始于冲突双方存在着某些潜在的对立或不一致。而这些潜在的对立或不一致又主要是由于双方在信息沟通、工作结构以及个人因素等方面的原因所造成的。所以群体在沟通、结构、个人等方面存在的问题是产生冲突的前提条件。这些条件虽不是必定导致冲突，但属于产生冲突的必要条件。

（1）沟通方面的冲突原因。虽然把所有的冲突都归因于信息沟通是不全面的，但信息沟通不良肯定是导致冲突的首要原因，而且是最重要的原因。沟通不良与以下几个因素有关。

其一，沟通主体。沟通是人与人的信息交流，而我们每个人的经验与知识结构、价值观念与个性、表达与理解能力、沟通目的与诚意、沟通条件与机遇、立场与角色等都是不同的，因此沟通中的歧义、误解、不充分、不对称等是随时随地发生的，并成为产生冲突的重要原因。

其二，沟通渠道。沟通渠道本身不健全、不畅通、噪声干扰严重、失真严重，对沟通渠道的选择不科学、不合理、不匹配等也会造成沟通不良，并最终导致冲突。例如，在很多组织中，尤其是行政机构中，沟通渠道往往存在两类问题：一是纵向渠道发达，横向渠道不发达，导致部门间公文旅行、推诿扯皮，出现部门冲突；二是下行渠道发达，上行渠道不发达，导致政令畅通而社情民情不畅通，出现干群冲突。

其三，沟通不足与沟通过度。沟通不足会导致冲突，这点比较容易理解，但有意思的是，有研究表明，沟通过度也会增加冲突的可能性，这或许与过度沟通会造成大量的冗余信息，反而干扰正常沟通有关。

（2）结构方面的冲突原因。工作结构本身的一些因素也是冲突的重要原因。

其一，目标设置。很多冲突起因于组织目标向各群体的分解不科学、不合理。各群体之间目标难度不平衡，苦乐不均，费力的不讨好，讨好的不费力；各群体之间目标关系不合理，此群体达到目标会妨碍彼群体达到目标，甚至此群体的成功必须以彼群体的失败为条件和代价；各群体之间目标界限不清楚，不同群体的目标交叉重叠等，都是冲突最常见的原因。例如，质检部门发现的质量问题越多，成绩就越大，提取的奖金也就越多，而生产部门被检验出的质量问题越多，错误就越大，被扣的奖金也就越多，所以质检部门与生产部门往往就是一对天生的冤家对头。

其二，资源配置。资源不足、资源配置不公平或不合理也是冲突的主要原因之一。各群体之间争抢有限的资金，争占条件好的办公室，争用先进的设备，争夺优秀的技术尖子等，都可能导致群体冲突。例如，资金总是有限的，营销部门打广告需要钱，公关部门搞活动也需要钱，研发部门上项目还需要钱，所以企业分配资金的时候，谁多谁少、谁有谁无、谁先谁后等，永远是吵不完的架。

其三，规模与结构组织。规模越大，结构越复杂，各种人际关系和群际关系就越是纵横交叉、盘根错节，也就越容易发生冲突。例如，小企业只有几个部门、几十位员工，有了问题谈谈心，打个电话，实在不行开个公司大会，把所有矛盾放到桌面上，当面就可以解决问题。大企业的机构不仅多，而且往往跨地区，甚至跨国分布，人员不仅多，而且往往角色、身份、地位等极其悬殊，公司大会可能根本就无法召开，部门之间直接沟通困难，小矛盾也可能拖成大冲突。

其四，工作任务的依赖性。如果两个群体的工作是相对独立的，冲突的机会就比较少，所谓“井水不犯河水”。相反，如果两个群体的工作之间相互的依赖性越高，互动越多，合作越深入，往往冲突的机会也就越多，所谓“没有勺子不碰锅沿的”。

其五，工作任务的不确定性。工作的方法、程序、标准、结果等是常规化的、明确的、很少例外的，总之，确定性比较高，大家可以按照彼此都熟悉的方式照章办事，一般冲突就比较少。相反，如果工作是探索性的、尝试性的、缺乏常规甚至是破坏常规的，总之，确定性比较低，往往更容易发生冲突。例如，生产线上的冲突比研发机构的冲突要少，而且通常比较简单，容易解决。

其六，领导作风。不同的管理者有不同的管理模式，即不同的领导作风。

其七，组织变革。组织的生存环境是不断变化的，为了适应环境，组织就不可能不进行各种形式、内容、幅度的调整和改革。而任何调整最终都是利益格局的调整，任何改革最终都是现行关系的改革。于是得到的与失去的、新的与旧的、拥护的与反对的等之间，必然会发生各种形式与性质的冲突。

其八，组织文化。组织是由人构成的，因此组织如人。人有愿合作、善合作、易合作者，也有特立独行、我行我素、不肯屈己从人者。组织有重人际关系、倡导合作精神、强调整体与大局者，也有重业绩、重效率、重竞争意识与进取精神者。后者自然会比前者冲突更多一些、激烈一些。

（3）个人方面的冲突原因。冲突就是人与人的关系，人本身当然也是冲突的原因之一。这主要有：

其一，个性。群体成员的个性、修养、经验、资历、年龄、观念等与冲突是密切相关的。例如，年轻的人更争强好胜，胆汁质的人更爱拔尖，能力强的人更容易恃才傲物，修养差的人更容易出现情绪化反应等，都可能导致或加重冲突。

其二，利益、立场与角色。不同的人在组织中扮演着不同的角色，不同角色有不同的利益、立场，这也是冲突的原因之一。例如，工资在企业家心中是成本，当然越低越好，在员工心中是报酬，当然越高越好，所以调整工资水平常常酿成劳资纠纷。

其三，匹配。有时人际冲突不一定有什么明确、具体的原因，就是“看不惯”“不顺眼”“讨厌”等，所以人与人的匹配关系也是冲突的原因之一。

2.冲突的发现：认知和个性化

冲突过程的第二步是冲突的一方或多方不仅认识到上一阶段所说的种种冲突条件的存在，而且有了个性化的情感投入，产生了焦虑、紧张、挫折感、敌意等体验。正是从这一阶段开始，冲突从潜在的可能性变为现实的存在了。

这个阶段包括“认知”和“个性化”两个方面：所谓“认知”是指冲突方对冲突的主观认识；所谓“个性化”是指冲突方在“认知”基础上对冲突的情

感体验和情感投入。“认知”和“个性化”这两个方面都很重要，因为正是冲突方对冲突的认识和所投入情感的性质，在实际上决定了冲突的性质和冲突解决的方式。比如，同样是面对降薪，如果在“认知”上，“我”认为这是公司经营遇到困难不得已而采取的临时措施，在“个性化”上，“我”觉得公司的做法可以同情和理解，那么结果就是“我”会更加努力工作，与公司共渡难关，换句话说，这将是一场提高工作绩效的建设性冲突；如果在“认知”上，“我”认为这就是公司变着花样剥削员工，在“个性化”上，“我”觉得公司的做法令人愤慨，那么结果就是“我”会消极怠工，与公司作对，换句话说，这将是一场降低工作绩效的破坏性冲突。所以在这里要特别提醒大家，冲突不是一个纯粹的客观矛盾，冲突方的主观认识与情感也是冲突的重要组成部分。对于这一点，只要重温一下冲突的定义就会理解。

3.冲突处理第一步：行为意向

冲突的上一个阶段是认知和个性化，属于内在的心理过程，冲突的下一个阶段是行为，属于外在的行为过程，而本阶段则是行为意向，属于从内部心理转化为外部行为的中介环节，实质上是行为的决策阶段。

处理冲突的行为意向有两个维度：一个是合作程度，指一方愿意满足对方愿望的程度；另一个是肯定程度，指一方愿意满足自己愿望的程度。

（1）竞争，即只愿意满足自己，不愿意满足对方。具有竞争意向的冲突方，希望在冲突中实现自己的愿望，而不去考虑对方的愿望，甚至通过牺牲对方的愿望来满足自己的愿望。例如，在只计名次而不计成绩的争先赛中，不光要考虑自己怎么跑得更快，还要考虑给对方制造障碍，因为对方的失败就是自己的胜利。

（2）协作，指既愿意满足自己，也愿意满足对方。具有协作意向的冲突方，希望在冲突中找到使双方愿望都得到满足的双赢之策。例如，在通过积分争夺出线权的小组循环赛中，双方制造和局，既可以保证双双出线，又可以保存各自实力，皆大欢喜。

（3）回避，指既无法满足自己，也不愿意满足对方。冲突方在冲突中不可能满足自己，但也不愿意成就对方。例如，在比赛中，设法利用竞赛规则，躲开自己无力战胜的强大对手。

（4）迁就，即不求满足自己，但愿满足对方。冲突方有时出于安抚、屈服、示弱等原因，会放弃自己的愿望，成就对方的愿望。例如，在比赛中明知自己实力不如对方，索性放弃抵抗，送个顺水人情，或者在比赛中明明知道自己可以大比分战胜对方，为抚慰对方，最终选择了小胜或者平局的安慰赛。

（5）折中，即双方的愿望都部分满足，部分放弃。冲突双方达成某种妥协，在相互放弃某些东西的同时，也共同分享某些东西。例如，在棋类比赛中，经常出现一方提议和棋，另一方很快响应的情况，虽然没有得到完全的胜利，但也没有了失败的风险。

4.冲突处理第二步：行为

上一阶段，冲突方对如何处理冲突已经有了自己的意向。再进一步，当冲突方试图公开实现自己处理冲突的行为意向时，冲突处理就进入行为的阶段。处理冲突的行为可以表现为一系列的表态、说明、解释、威胁、恫吓、攻击等活动。

有意思的是，处理冲突的行为通常并不是针对冲突本身的解决方案，而是展示给对方的某种姿态。在展示给对方后，再观察对方的反应，以决定自己下一步的行为。所以冲突的行为阶段往往是一个充满互动的、不断升级的动态过程。

还有一点有意思的是，处理冲突的行为本来应该是行为意向的表达，但实际上却往往与真实的意向并不完全一致。在连续体下端，表达给对方的行为往往比自己内心的行为意向更柔和，而在连续体上端，表达给对方的行为往往比自己内心的行为意向更尖锐。所以作为表达方，如何不让对方误解，作为接受方如何正确判读对方的真实意图，在冲突解决过程中也是极其重要的。冲突步步升级，从功能正常的冲突激化为功能失调的冲突，往往就是因为这一点。

5.冲突结束：结果

经过一系列互动，冲突最终有了结果。如果这个结果使群体工作绩效得到提高，如提高了效率、出现了创新、增进了理解、推动了变革、完善了决策等，那么这个冲突就是功能正常的。如果这个结果使群体工作绩效反而降低，如降低了效率、伤害了关系、浪费了资源、造成了解体、激化了不满等，那么这个冲突就是功能失调的。

（三）群体冲突与组织管理

既然冲突是不可避免的，冲突的结果是多样的，冲突的性质是可以转化的，那么管理者就绝不能无视冲突，放任冲突的激化甚至恶化，也不能回避冲突，一味做个和事佬与老好人，到处嘻嘻哈哈地和稀泥，更不能不分青红皂白地反对一切冲突，像个到处救火的消防队员，而要承认冲突存在的客观性，具体研究冲突发展的过程与规律。这才是正确处理冲突的前提和基础。在此基础上，管理者还要不断学习、研究和提高冲突管理的艺术。但是西方人也是近年来才逐渐认识到，与争夺锦标可以提高运动成绩一样，功能正常的冲突对组织管理具有不可替代的积极作用。

1.激发功能正常的冲突

如果属于功能正常的冲突，而且冲突不足，那么可以在管理活动中利用以下措施激发冲突。

（1）强化竞争。包括鼓励、倡导、设计各种形式的竞争、竞赛、考核、评比，特别是加大与竞争结果挂钩的奖惩力度等，要让竞争的结果确确实实有切肤之痛，能令人动心。

（2）推动改革。包括调整组织结构、改变利益格局、改革规章制度等，以期打破旧的平衡，推动群体间的碰撞、调整和再适应。

（3）引进外人。特指引进一些在背景、价值观、管理风格等方面都与当前群体成员不同的异质个体或群体，以期打破一潭死水，带来所谓“鲶鱼效应”。

（4）利用批评家。特指引进或重用那种喜欢吹毛求疵、有独立见解、敢于表达不同意见、有意与大多数群体成员的习惯性意见，包括与领导者意见相左的人，不要总把“听话”作为重用人才的标准。

（5）利用信息沟通。利用组织渠道有意提供一些模棱两可或有威胁性的信息，触动人的内心世界，唤醒人的敏感性，从而提高冲突水平。

2.预防与缓和功能失调的冲突

如果属于功能失调的冲突，而且冲突过度，那么可以在管理活动中利用以下措施来预防和缓解冲突。

（1）改善沟通。疏通沟通渠道，加强信息共享、降低失真、增进感情交流、减少误解、消除隔阂等都可以有效预防因沟通障碍导致的冲突。

（2）人员调整。注意人员配备的匹配性，处理与调整喜欢搬弄是非的“害群之马”，任用能起到跨群体沟通“桥梁”作用的人员等。

（3）扩大资源。提供充足的资源，鼓励创造与开拓资源，“把饼做大”。

（4）建立超级目标。古人说“兄弟阋于墙，外御其侮”，今人搞“统一战线”，都是一个道理，即建立能够包容冲突双方小目标的大目标，使“枪口一致对外”。

（5）岗位轮换。冲突双方对换工作岗位，使冲突方可以设身处地地体验对方境遇，加强相互体谅和理解。

（6）划清边界。划清群体之间责、权、利的界限，明确制度，从根子上减少争权夺利、明争暗斗、推诿扯皮的气候与土壤。

（7）教育与文化。加强全局观念，培养高尚人格，抵制本位主义思想，不让忍辱负重、屈己从人的“老实人”吃亏，建立崇尚宽容与合作的组织文化。

3.重视和控制冲突性质的转化

功能正常的冲突与功能失调的冲突之间并没有绝对的界限，它们是可以相互过渡、相互转化的。所以管理者不仅应当分清冲突的性质，还要善于控制冲突性质的转化，防止功能正常的冲突向功能失调的冲突转化，促进功能失调的冲突向功能正常的冲突转化。主要措施有：

（1）沟通。无论用何种方法处理何种冲突，都必须对沟通给予足够重视。一方面，良好的沟通可以防止功能正常的冲突转化为功能失调的冲突，促进功能失调的冲突转化为功能正常的冲突；另一方面，沟通状况及其变化也是冲突性质及其转化的有效监控指标。例如，如果冲突双方沟通的频率越来越低，沟通的内容越来越从关心组织的利益变为关心本群体的利益，沟通的方向越来越从双向互动变为单向攻击，那就是冲突恶化的先兆了。

（2）压制。管理者可以充分利用手中掌握的制度与权力，利用强制的办法，如动用奖惩权、人事权、分配权、决策权等，将冲突控制在可以接受的范围内。

（3）仲裁。如果管理者本身也是冲突方或管理者不具备足够的权威，也可以考虑由双方共同的上级或具有公信力的第三方来裁决冲突中的是非曲直。

（4）教育。进行全局观点、集体意识、宽容、对事不对人、出以公心等方面的教育，组织冲突方对冲突的原因、得失等展开讨论、反思，帮助冲突方学会“游戏规则”。

（5）重组。如果冲突确实已经失控，那就当断则断，釜底抽薪，壮士断腕，通过对冲突方解散重组，防止冲突影响工作和向全局蔓延。

三、群体中的竞争与合作

（一）竞争与合作的概念

1.竞争

所谓竞争是指双方或多方之间，为了达到一定目标而相互争胜，以争取压倒对方获得优势地位的心理与行为。竞争是人类利己性、排他性的表现。竞争有以下要素。

（1）排他性的竞争目标。竞争目标通常是具有排他性和独占性的，无法与对手共享或分享，所以竞争中不仅要考虑自己怎样达到目标，还要考虑怎样不让对手达到目标。

（2）实力相当的竞争对手。竞争对手的实力通常是基本相当的。一般来说，竞争对手的实力越接近，竞争也越激烈。如果实力悬殊，通常构不成竞争关系。

（3）具体的竞争行为。竞争对手之间有相互争胜的具体行为，包括使自己胜利的行为和使对方失利的行为。竞争行为是竞争心理的具体表现，比一般行为更兴奋、更积极、更主动，但效率可能更高，也可能更低。

（4）不确定的竞争结果。竞争的结果究竟是单方绩效的提高，双方绩效的提高，还是双方绩效的降低，都是不确定的；竞争胜利是否提高绩效，竞争失败是否降低绩效，也是不确定的。

（5）无法单方面选择的竞争环境与条件。竞争不是单方面的行为，因此竞争的时间、地点、对手、形式等，甚至参与还是放弃，都不是单方面可以完全自主决定的。

2.合作

所谓合作是指双方或多方之间，为了达到一定目标而相互配合，争取共同胜利的心理与行为。合作是人类社会性、群体性的表现。合作有以下要素。

（1）共同的合作目标。合作的前提是存在着合作伙伴可以共享或分享，有时是必须共享或分享的目标。

（2）互补的合作基础。合作的基础是合作伙伴之间在利益、能力、经验、资源等方面具有互补性。

（3）理性的合作条件。合作不是合作伙伴之间力量及绩效的机械叠加，也不是合作伙伴之间感性层次的社会助长，更不是单方面给予对方的协助与支持，而是合作伙伴有目的的自觉配合。合作过程始终有清醒的理性指导，有高水平的认知，有充分的相互理解和相互信任，有共同约定和共同遵守的规则。

（4）有一定压力的环境。合作是自觉的选择，但不一定是主动的选择，往往与合作伙伴之间存在共同的危机与压力有密切关系。

3.竞争与合作的关系

竞争与合作是人类完成任务的两种不同方式，一个是面对面，另一个是肩并肩，区别是显而易见的。竞争更多体现了人的进化机制和生存本能，没有竞争就没有人类的进步和人类的今天。合作更多体现了人的理性和生存智慧。然而竞争与合作又是统一的、不可或缺的。没有合作的竞争就是赤裸裸的丛林法则，人类就不可能建立像民族、国家、企业这样的人类共同体，进入现代文明。没有竞争的合作就是原地踏步，人类就不可能有科学、技术、文化、法律、道德等这样的发展工具和社会契约，同样不可能有现代文明。

（二）决定竞争与合作的因素

双方是相互竞争，还是相互合作，主要取决于两类因素。

1.双方的关系

（1）一致关系。如果双方利害一致或有共同利益，则双方通常会更倾向于合作。

（2）对立关系。如果双方利害冲突或有利益对立，则双方通常会更倾向于竞争。

（3）混合关系。如果双方的利害关系既有冲突，也有一致，既有共同利益，也有相反利益，则双方的行为也会出现在竞争与合作之间动摇和混合的特点。

而且应该说，现实中这是大多数情况。

2.双方的特点

（1）需要与动机。一般来说，成就需要比较突出、成就动机比较强的人更倾向竞争，而交往需要比较突出、交往动机比较强的人更容易合作。

（2）个性。一般来说，有好胜、冲动、多疑等性格特征的人更倾向竞争，而有自制、自信、宽容等性格特征的人更容易合作；在能力类型、强弱上彼此接近的人更倾向竞争，而在能力类型上有互补特征、强弱上有一定差距的人更容易合作。

（3）威胁。威胁是指胁迫对方与自己合作的手段。一般来说，在双方都没有威胁手段的情形下比一方拥有威胁手段的情形下合作的可能性更大，在只有一方拥有威胁手段的情形下比双方都拥有威胁手段的情形下合作的可能性更大。

（4）沟通。一般来说，沟通与竞争之间更容易出现恶性循环，也就是说，竞争过于激烈会妨害沟通，沟通不良会加剧竞争，而在竞争与合作之间更容易出现良性循环，也就是说，合作会促进沟通，沟通会改善合作。

（5）文化传统。一般来说，在突出个人评价、鼓励争先意识、强调工作第一的社会文化和组织文化中，竞争意识会得到更多鼓励，而在倡导集体主义、团队意识、理解宽容的社会文化和组织文化中，合作精神会得到更多的赞许。

（三）竞争、合作与管理

1.竞争与合作不是社会评价

公平有序的竞争可以鼓励争先意识，起到“优胜劣汰”的作用；无序竞争、恶性竞争也会诱发以邻为壑、不择手段，得到“劣币驱逐良币”的后果；积极的合作可以取长补短、互通有无，起到“瞎子背瘸子”的作用；消极的合作也会纵容依赖心理，容忍“滥竽充数”。所以，竞争与合作作为管理手段，本身是中性的，无所谓好坏，不表示社会评价，不能简单地把竞争等同于进取意识、合作等同于团队意识。

2.竞争与合作不是泾渭分明的

竞争与合作标志着完全相反的依赖关系，但二者之间又是你中有我、我中有你，不可以截然分开的。比如一支篮球队只有一个球队精神，在球队内它就是精诚合作，在球队外它就是奋勇竞争，并不是有两个各司其职的球队精神，也不能说我的球队只鼓励合作或只倡导竞争。

3.竞争与合作不是万能的

竞争与合作作为管理手段，各有利弊与长短，各有适用范围与对象。用得其所，它们都是有效的、不可替代的；用得不得法，它们都是会帮倒忙的。比如，交给两个孩子一个橘子，要求他们一个人用橘皮做蛋糕，另一个人用橘肉榨果汁，他们就只能合作。如果他们误用了竞争，做出来的大概就是果酱了。而交给两个孩子一盘象棋，要求他们进行比赛，他们就只能竞争。如果他们误用了合作，结果大约就是作弊了。

第五章　基于领导行为的组织行为管理

第一节　领导行为理论

一、领导行为四分图理论

（一）两个维度、四种类型

（1）结构维度与关怀维度。美国俄亥俄州立大学的一批学者从1945年开始了对领导行为的系统研究。首先，研究者们收集了大量属于领导行为的因素，有一千多条。经过研究他们发现，所有的领导行为可以归纳为两大类：一类是领导对人的重视和关心，如关心下属的需要，尊重下属的情感，听取下属的意见，重视与下属的关系、信任下属、帮助下属解决个人问题等，研究者们称之为对人的“关怀”。另一类是领导对组织与工作的重视和关心，如建立组织结构、确立管理制度、明确工作职责、制订工作计划、检查工作进度、强调工作期限等，研究者们称为组织“结构”。

然后，研究者们根据上述两类领导行为设计了一套问卷，问卷对“关怀”和“结构”各列出15个问题，向组织成员进行调查。要求他们根据问卷的问题，来回答自己的领导者在“关怀”和“结构”这两方面表现如何。

（2）四种领导类型。结果发现，对人的“关怀”和组织“结构”是两个相对独立的维度。因为领导者在这两方面可能是一致的，比如对“关怀”和“结构”的关心程度都比较高或都比较低，但也可能是不一致的，比如只对“关怀”的关心程度高而对“结构”的关心程度低，或者只对“结构”的关心程度高而对“关怀”的关心程度低。由此，将“关怀”和“结构”两个维度，各自划分出“高”或“低”两个分度，可以区分出四种类型的领导行为：低结构低关怀、高结构低关怀、低结构高关怀、高结构高关怀。

（二）推崇高组织高关怀的领导类型

研究表明，在这四种领导行为类型中，在两个维度上都高的领导者比某一个维度低或两个维度都低的另外三种类型的领导者，更能使下属既取得高工作绩效，也达到高满意度，因而是最理想的领导类型。在俄亥俄州立大学的研究之后，密执安大学的学者也进行了类似研究，但区分为“员工导向的领导者”和“生产导向的领导者”两个维度，并认为“员工导向”更受下属欢迎，生产效率也更高。

（三）对领导行为四分图理论的评价

（1）进步。比较领导行为四分图理论和领导作风类型理论，我们会发现，领导作风类型理论研究领导类型只有一个指标，就是工作，而领导行为四分图理论除考虑工作指标外，还考虑了关心人的指标，也就是说，领导行为研究从领导作风的单向研究进入了二维研究。同时，领导作风类型理论的工作指标就是权力的定位，而领导行为四分图理论的工作指标没有局限在权力这一点上，而是更全面地代之以对组织的关心。这两点肯定是领导行为四分图理论比领导作风类型理论更进步，更接近实际之处。这与时代背景有一定关系，领导作风类型理论的研究是在民主制度与法西斯专制制度直接对抗的“二战”中开展的，所以人们更关心民主制度的科学性与优越性；领导行为四分图理论则是在“二战”后人性反思、人道主义呼声高涨的背景下开展的，所以人的地位在价值观念中的上升自然也会折射到理论研究中。

（2）问题。领导行为四分图理论在方法论上也还存在问题：一是仍然存在片面性问题，只考虑领导的方面，没有考虑到被领导和领导情境的方面；二是仍然存在理想化问题，认为双高的领导类型是一种普遍适用于任何工作群体的最佳领导模式；三是简单化问题，对领导类型的确定要么属于高的类型，要么属于低的类型，没有不太高也不太低、偏高或偏低等中间类型。

二、管理方格论

（一）两个维度、八十一种类型

（1）关心生产的维度和关心人的维度。美国得克萨斯大学的布莱克和穆顿在俄亥俄州立大学和密执安大学研究的基础上于1964年提出了管理方格论。他们的变化主要是两点：

其一，将俄亥俄州立大学的“结构”维度和密执安大学的“生产导向的领导者”维度综合为“关心生产”的维度，将俄亥俄州立大学的“关怀”维度和密执安大学的“员工导向的领导者”维度综合为“关心人”的维度。

其二，在两个维度上划分出从关心程度最低到关心程度最高的。

（2）推崇最高程度关心生产的和最高程度关心人的领导类型。在八十一种领导类型中，布莱克和穆顿选出五种最有代表性的领导类型来说明自己的观点。

（二）对管理方格论的评价

（1）进步。管理方格论比领导行为四分图理论有两点明显进步：

一是丰富性。管理方格论不再如领导行为四分图理论那样，在领导类型上搞非高即低、非好即坏的两分法，而是具体细致地区分了从低到高的九种程度，应该说不仅是实现了从定性研究到定量研究的巨大进步，而且也确实更符合领导者的实际情况。

二是实用性。管理方格论不是单纯划分领导类型的纯理论研究，而是一个很强的可操作性的评价与培训工具。布莱克和穆顿根据所收集的资料，对每一种领导类型在面对诸如“自由选择”“积极参与”“相互信任”“开放的沟通”“目标和目的”“冲突的解决办法”“个人责任”“评论”“工作活动”之类问题时的不同表现都给出了详尽具体的描述。例如，关于“个人责任”，各种领导类型表现分别为：贫乏型领导是“部属想承担多大责任悉听尊便”；乡村俱乐部型领导是“让部属自由承担责任”；中庸型领导是“指望部属能接受现状并在维持现状下通情达理地工作”；任务型领导是“部属的责任由管理者承担”；协作型领导是“各人对自己的行动负责以及分担班组活动责任”。这样每个人都可以根据这些描述来自我分析确定或由他人分析确定自己属于哪一种类型，从而找出自己的领导类型与理想的协作型领导之间的差距，以明确自己应如何向协作型领导努力。布莱克和穆顿甚至设计并试验了一项培训管理人员的计划，使管理人员能联系实际学习协作型管理。

正是由于上述两点，管理方格论比领导行为四分图理论在经理阶层和管理学界有更大的影响。1964 年《管理方格》一书出版后长期畅销，到 1978 年以《新管理方格》为名修订再版之前，印数已近百万册。

（2）问题。管理方格论有两个问题没有解决：一是仍然没有考虑被领导者及领导情境的方面，存在片面性问题；二是仍然认为双高的领导类型是一种普遍适用于任何工作群体的最佳领导模式，存在理想化问题。不过要指出的是，布莱克和穆顿并不认为追求最佳领导模式是错误的。

第二节　组织权力管理

一、领导行为连续带理论

（一）领导行为连续带

美国学者坦南鲍姆和施密特是较早对领导作风理论推崇“民主作风”、领导行为四分图理论推崇“高组织高关心”等追求“最佳领导风格”的观点发出不同声音的学者。他们在研究中发现，领导者们常常无法确定什么是最佳决策，也不知道究竟应该由自己来直接决策，还是授权部下来决策。有鉴于此，他们将领导作风类型理论和领导行为四分图理论结合起来，于 1958 年提出领导行为连续带理论。

领导行为连续带理论将领导行为分为专制型和民主型两种类型。专制型领导强调对工作的领导，并用权力去影响下级。民主型领导注重对人员的领导，给下级在工作上以相当的自由。一名管理者在实际工作中运用职权的程度越高，就越接近专制型领导；运用职权的程度越低，就越接近民主型领导，如此就出现了一个由专制型领导到民主型领导的连续带，即在典型的专制型领导和典型的民主型领导之间存在着许多过渡类型的领导行为方式。

（二）不存在最佳领导类型

坦南鲍姆和施密特认为，这些领导行为方式本身无所谓优劣，而且领导方式不应该是一种固定的模式，领导者应该善于根据具体情况从连续带中选择一种合适的领导类型。

（三）对领导行为连续带理论的评价

（1）进步。领导行为连续带理论认为领导方式不是一种固定的模式，而要根据不同情况采取不同方式，这实际上是从领导者与被领导者的互动关系中来看待领导方式，并且已经有了根据实际情况权衡利弊灵活应变的思想，实际上具备了后来所称“权变理论”的雏形，是领导行为研究中一个很大的进步。

（2）问题。领导行为连续带理论没有具体说明领导者与被领导者的匹配关系以及如何权变，因而在权变问题上还只具备启发意义，可操作性不足。

二、菲德勒模型

（一）LPC 与两种领导类型

20 世纪 60 年代起陆续出现了多种权变理论。其中提出较早且影响较大的是美国心理学家菲德勒于 1962 年提出的“有效领导者的权变模型”，也称为“菲德勒模型”。这种模型将领导者素质研究和领导行为研究有机结合起来，首先用领导者素质研究中的心理测验方法来确定领导类型，其次再将领导类型与领导情境联系起来研究领导绩效。菲德勒认为，领导绩效如何，与领导类型、领导情境以及二者之间的匹配关系有关。

（1）LPC 问卷。菲德勒认为领导类型是影响领导绩效的因素之一，因此应该首先确定一个领导者的领导风格类型。他为此设计了一种“最难共事者问卷”（Least Preferred Coworker questionnaire），简称 LPC 问卷。问卷上列出了 16 项对人格的评价。每一项都用一对积极性评价与消极性评价互逆的形容词来表示，如“快乐—不快乐”“友善—不友善”等。每对形容词之间分为 8 个等级，积极性评价分数高，消极性评价分数低。

（2）领导类型测臆。测验开始：首先，让被测者回忆一下自己共事过的所有同事，从中找出一位“最难共事者”。他不一定是被测者最讨厌的人，但必须是被测者感到在工作中最难合作共处的人。其次，让被测者在问卷上每对形容词之间的 8 个等级中选一个自己认为描述那个同事人格的最合适的等级。

（3）确定领导类型。LPC 分数 N64 分属于高 LPC 分数，W57 分属于低 LPC 分数，58～63 分属于中等 LPC 分数。如果一个人 LPC 分数比较高，说明他即使是对工作上最难共事的人也可以在人格上给予积极的评价，显示出这个人比较重视人际关系，为人处世以人际关系为中心，称为“关系导向”的领导类型。如果一个人LPC分数比较低，说明他对工作上难以共事的人，在人格评价上也随之较低，显示出这个人比较关心工作，为人处世以工作为中心，称为“工作导向”的领导类型。实验表明，约84%的人LPC分数N64分属于高LPC分数或W57分属于低LPC分数，也就是说可以明确认定其属于关系导向的类型还是工作导向的类型，但有约16%的人LPC分数处于58～63分之间，属于中等LPC分数，也就是说难以明确认定其属于关系导向的类型还是工作导向的类型。

（二）八种领导情境

菲德勒认为，影响领导绩效的因素除领导风格外，还有其所处的情境。影响领导绩效的情境因素或说权变因素有三个：一是领导者与被领导者的关系是好还是差（如下属对领导者是否尊重、信任和乐于服从等）；二是工作结构是明确还是不明确（如工作目标是否明确、工作责任是否清楚等）；三是领导者拥有的权力是强还是弱（如领导者拥有多少权力、上级是否支持等）。由于这三个情境因素可以各有两种选择，它们之间就可以组合出八种情境类型。在这三个情境因素中，如果领导者与被领导者关系很好，工作结构也明确，领导者的权力也很强，即属于情境1，这是对领导者非常有利的情境。反之，在这三个情境因素中，如果领导者与被领导者关系很差，工作结构不明确，领导者的权力很弱，即属于情境8，这是一种对领导者非常不利的情境。在情境1和情境8之间，情境2与情境3属于比较有利的情境，情境7属于比较不利的情境，情境4、情境5、情境6属于中等程度的情境。

（三）领导类型与领导情境的匹配关系

菲德勒认为，决定领导绩效的不是单一的领导类型或领导情境，而是二者间的匹配。他研究了1200多个工作群体中领导绩效的实际情况。这些群体不仅包括了全部八种领导情境，而且每种情境中都包括了关系导向（高LPC分数）和工作导向（低LPC分数）的不同领导类型。结论是：工作导向的领导者（低LPC分数者）在有利的情境中（如情境1、情境2、情境3）和不利的情境中（如情境7、情境8）工作绩效更高，关系导向的领导者（高LPC分数者）在中等的情境中（如情境4、情境5、情境6）工作绩效更高。

（四）匹配与权变

菲德勒认为，一个人的领导类型（LPC分数）是人的心理特征，因而是终生稳定不变的，因此要通过领导类型和领导情境之间的匹配来提高领导绩效只有两条途径：一是通过调换领导者以适应领导情境；二是通过改变领导情境以适应领导者。例如，某班组干群关系紧张、工作目标不明确、班组长有职无权等，属于非常不利的情境8，那么就应该为该班组调配一位工作导向（即LPC分数较低）的班组长。如果不愿或不能调配班组长，那就需要改变那个班组的情境，如班组长要注意改善干群关系、建立健全规章制度，上级也应该给班组长更多的授权等，至少改善其中一至二项，以尽可能向中等情境4、情境5、情境6靠拢。

（五）对菲德勒模型的评价

（1）进步。首先，菲德勒模型明确而具体地研究了领导情境及其作用。这比任何将领导的成功片面、孤立地归结为领导者个人而忽视领导情境的理论都高明得多，是一个重大的进步。其次，菲德勒模型不再追求最佳领导类型。它不再像领导特质理论那样强调必须是什么样的人才能成为成功的领导者，也不再像领导行为理论那样强调人必须怎样行事才能成为成功的领导者，而是强调无论什么领导者，也无论什么工作群体，只要二者相互匹配，都能获得成功。最后，菲德勒模型有很强的可操作性。它既注重理论分析，也有大量的实验支持，而且便于实际操作，这比以往领导行为理论中片面依赖理论分析和理论模型更有实际价值和说服力。

（2）问题。但菲德勒模型在实际运用中也存在一些问题。其一是LPC的普适性的问题。在LPC测验中，大约有16%的人LPC分数居中，难以确定其领导类型，一般只好由被测对象自己认定，这在一定程度上影响了这一模型的普适性。其二是LPC的客观性问题。菲德勒模型完全将领导类型归结为心理因素，这已需商榷，还认为终生不变，就更可存疑。实际应用中发现，有些人的LPC分数是不稳定的，还有些人确实可以调整和改变自己的领导风格。其三是领导情境的评估比较模糊。比如，领导与被领导的关系怎样算好？到什么程度就是不好？与此相关，改变情境时也存在类似问题。

三、途径—目标理论

（一）四种领导行为类型

加拿大多伦多大学教授豪斯于1971年提出的途径—目标理论是当今最受关注的领导权变理论之一。这个理论认为，领导者的工作就是帮助下属达到目标，并提供必要的指导和支持以确保他们的目标与群体及组织的整体目标相一致。

途径—目标理论像领导行为四分图理论一样，将领导者根据行为特征分为四种类型：

第一种是指导型领导。这种领导告诉下属组织交给他们的工作任务是什么，告诉他们完成工作任务的时间安排，并给下属以完成工作任务的具体指导。

第二种是支持型领导。这种领导对下属十分友善，关心下属的个人需求。

第三种是参与型领导。这种领导与下属共同协商，在决策时充分考虑下属的建议。

第四种是成就导向型领导。这种领导设置挑战性目标，并期望下属实现自己的最佳水平。

这种对领导类型的划分主要考虑的是领导更关心工作还是个人，下属是否参与决策等，因而与领导行为四分图理论的俄亥俄模型非常类似。这种理论认为领导者的领导行为类型是灵活的，同一位领导者在不同情境下可能表现出不同的领导风格，这与菲德勒模型认为领导风格是唯一的和不变的有很大不同。

（二）两类领导情境

途径—目标理论将领导情境的权变因素归结为两类：

一类是下属权变因素，指下属个人的因素，包括控制点（相信自己可以掌握命运称为内控型，依赖他人称为外控型）、经验（完成任务所需知识与经验的丰富程度）、感知到的能力（认识能力）。

另一类是环境权变因素，指下属控制范围以外的因素，包括任务结构（任务的清晰程度、困难程度、压力大小等）、正式权力系统（领导集权的程度、下属参与决策的水平等）、工作群体（人际关系、合作水平等）。

（三）匹配与假设

途径—目标理论认为，不同类型的领导行为最终效果如何，与两类情境因素有关：环境因素决定了应该怎样调整领导行为，下属因素决定了下属如何看待和评价领导与环境。由此，可以推断出一些关于领导效果的假设：

（1）指导型领导的效果。指导型领导在任务不清晰的环境中对下属有积极帮助。因为这种领导可以告诉下属工作任务是什么、要求是什么，并给下属以完成工作任务的具体指导。这样就弥补和改善了不清晰的环境，从而提高了下属完成任务的期望值，起到了激励作用。最终达到的领导效果是既提高领导率领下属完成工作任务的绩效，又提高了下属对领导的满意度。可是指导型领导在任务清晰的环境中对下属没有积极帮助。因为这时领导的指导变得多余、碍手碍脚，反而破坏了环境，降低了下属完成任务的期望值，伤害了下属的积极性。最终达到的领导效果是既不能很好地领导大家完成任务，又引起下属对领导不满。

（2）支持型领导的效果。支持型领导在任务压力大、危险、枯燥等环境下对下属有积极帮助。因为这种领导对下属十分友善，关心下属的个人需求，从而减轻了环境压力，缓和了下属的紧张心理，激发了下属的信心和勇气，提高了下属完成任务的期望值，起到了激励作用。最终达到的领导效果是既提高领导率领下属完成工作任务的绩效，又提高了下属对领导的满意度。可是支持型领导在工作相对轻松、舒适等环境中对下属没有积极帮助。因为这时领导过多的嘘寒问暖反而让人感到虚伪、絮叨、婆婆妈妈，降低领导威信。

（3）参与型领导的效果。参与型领导在任务高度复杂的环境下对下属有积极帮助。因为这种领导可以与下属共同协商完成任务的办法，充分考虑下属的建议，从而使下属产生信任感、责任感、参与意识、主动意识，提高了下属成就一番事业的期望值，起到了激励作用。可是参与型领导在任务比较简单、明确的环境下不仅对下属没有积极帮助，反而让人感到领导优柔寡断，没有主见，把简单问题复杂化，结果自然是工作绩效和对领导的满意度都不高。

（4）成就导向型领导的效果。成就导向型领导对自信、能力强、有很强成就意识的下属而言是一种受欢迎的领导类型。因为这种领导希望并创造条件使下属能不断挑战自我、实现超越。但如果下属缺乏自信，依赖性较强，缺乏成功的能力和经验，那么这种领导对下属而言可能就是一场噩梦。

（四）对途径—目标理论的评价

（1）进步。与菲德勒模型相比较，途径——目标理论首先是更加灵活，也更加符合实际。它不再认为领导风格是人的心理特征，终生不变，而是把领导风格看作管理方法与模式，可以根据情境进行调整，并且认为通过权变，任何类型的领导都有可能成功，这更接近大多数领导者的实际领导过程。另外，途径—目标理论对领导效果的认识也更科学、更人性。过去人们谈到领导效果的时候主要是看该种领导下的工作绩效，所谓“不管黑猫白猫，抓住老鼠就是好猫”，途径—目标理论明确把领导效果归结为工作绩效和下属满意两个方面，这更能体现以人为本的现代管理理念。

（2）问题。对途径—目标理论的批评主要集中在过于复杂上面，它的变量太多，而且没有具体的测量方法，所以在实际应用中有一定难度。

四、情境领导理论

（一）四种领导行为类型

情境领导理论，也称领导生命周期理论，1969 年由赫塞、布兰查德等创立，并在后来不断得到补充发展，是在全球企业界得到广泛流传的一种领导权变理论。

这一理论继承了领导行为四分图理论，根据领导者对工作任务和人际关系的不同重视程度，将领导者分为四种类型：

象限 S1 是指令型领导，即高任务—低关系的类型。领导者定义角色，命令下属干什么、怎么干、何时何地干，强调任务方面的指导性行为。

象限 S2 是说服型领导，即高任务—高关系的类型。领导者同时为下属提供任务方面的指导性行为与关系方面的支持性行为。

象限 S3 是参与型领导，即低任务—高关系的类型。领导者与下属共同决策，领导者的主要角色是为下属提供便利条件与沟通，强调关系方面的支持性行为。

象限 S4 是授权型领导，即低任务—低关系的类型。领导者仅提供极少的指导行为与支持行为。

（二）下属的四种成熟度

情境领导理论的权变因素主要是下属的成熟度。下属的成熟度主要体现在下属是否愿意完成工作任务和是否有能力完成工作任务两方面。根据这两方面的不同组合，可以将下属的成熟度分为四个阶段：

R1 是下属成熟度最低的阶段，既无能力完成工作任务，也不愿意完成工作任务。

R2 是下属成熟度偏低的阶段，虽无能力完成工作任务，但是愿意完成工作任务。

R3 是下属成熟度偏高的阶段，虽有能力完成工作任务，但却不愿意完成工作任务。

R4 是下属成熟度最高的阶段，既有能力完成工作任务，也愿意完成工作任务。

（三）匹配与领导行为曲线

情境领导理论认为，领导者究竟采取什么类型的领导风格，应考虑与下属的成熟度相匹配，随着下属成熟度的提高，不断做出相应的调整。

如果下属是成熟度最低的 R1 型，也就是下属既无能力完成工作任务，也不愿意完成工作任务，领导者就可以采取象限 S1 的领导模式，即对下属在工作上给予明确而具体的指导，而太多的温情脉脉是无济于事的。

如果下属是不太成熟的 R2 型，也就是虽无能力完成工作任务，但是愿意完成工作任务，领导者就可以采取象限 S2 的领导模式，即不仅要通过加强指导等高任务行为来弥补下属能力的不足，还要通过更多交流等高关系行为让下属在心理上体会到领导对他的意图和要求。

如果下属是比较成熟的 R3 型，也就是虽有能力完成工作任务，但却不愿意完成工作任务，领导者就可以采取象限 S3 的领导模式，即多运用支持性、参与性等高关系行为，激励下属的积极性和主动性。

如果下属是成熟的 R4 型，也就是既有能力完成工作任务，也愿意完成工作任务，领导者就可以采取象限 S4 的领导模式，既可以减少关系行为，也可以减少任务行为。

（四）对情境领导理论的评价

(1) 进步。情境领导理论不是仅仅僵化地将领导者及其行为划分为若干类型，而是将领导者的行为与下属的成长都看作一个有生命力的动态过程，称为领导生命周期理论的确有一定道理。同时这也更符合人们的实际经验，所以这一理论成为最受广大实际管理者推崇的领导理论之一，并常常被用于管理干部培训计划。美洲银行、卡特彼勒公司、美孚石油公司、通用电器、施乐公司及美国军队系统，都采用了这一理论。

(2) 问题。情境领导理论的有效性受到理论研究者的质疑。他们中有的人认为只有部分研究成果能够支持这一理论，有的人则认为还没有证据支持这一理论。

第三节　领导决策管理

一、决策及其类型

（一）决策

所谓决策就是在多种可能性中进行最优化选择，以决定努力使其中哪一种可能性成为现实。因此简单地说，决策就是选择，决策必须有选择。如果只有一种可能性或者根本没有可能性，我们就无可选择也不必选择，也就无所谓决策。

并不是只有领导者才进行决策，事实上任何个人都要进行决策。因为每个人的一生都会不断面临各种选择，早晨醒来是立即起床还是再躺一会儿？起床后是先洗漱还是先整理床铺？洗漱后是边看报纸边吃早餐还是边听广播边吃早餐？在这个意义上，人们常说人生就是选择，也可以说人生就是决策。并不是只有管理层才进行决策，事实上任何群体都要进行决策。因为一个群体总要有一个群体意志，那么以哪个人的意志或以哪些人的意志作为群体意志？在这个意义上，我们也可以说管理就是决策。但是，毕竟决策是领导行为最具有决定意义的内容和领导者最根本的职能，所以人们才会把组织的最高管理层称为“决策层”和“决策者”。所以我们这里讨论的主要是领导决策。

决策在组织生存与发展中具有决定性意义。中国有一则古老的寓言叫“田忌赛马”，说的是田忌在赛马中听从了孙膑的计策，用自己的头等马与对手的二等马比赛，用自己的二等马与对手的三等马比赛，用自己的三等马与对手的头等马比赛，结果以二胜一负的总成绩战胜了实力强于自己的对手。中国还有则古老的寓言叫“南辕北辙”，说的是一位驭手驾着马车声称要到南方的楚国去，可他实际上却在赶着车向北方跑。别人提醒他方向搞错了。他却自恃有最能跑的骏马、足够的路费和高超的驾车技术而不肯纠正错误。在这两则故事中，其他条件都没有变化，仅仅是决策的关系就有了一成一毁两种结果。尤其耐人寻味的是，田忌赛马中，田忌的条件本来不如对手，可是由于决策正确竟然战胜了对手，而南辕北辙中，驭手的条件本来很优越，但因为决策错误，那些优越的条件反而使错误更加深重。中国古人用何等生动的方式说明了决策的重要意义啊！

决策是领导者最重要的职责之一。有研究表明，企业主要负责人直接用于决策的时间占其全部工作时间的26%以上，若再加上35%的信息处理时间，则直接和间接用于决策的时间占其全部工作时间的61%以上。还有研究表明，越是高级的领导者越是要通过决策环节来行使权力。

（二）决策的类型

根据不同的指标可以对决策进行不同的分类。

（1）战略决策与战术决策。关于整体发展、长远目标、未来方向等的重大决策可以称为战略决策。如一个人的人生道路、职业选择，一个企业的经营方向、发展战略，一个机关的工作作风、用人标准等。关于特定阶段、局部问题、具体事件等当前的、具体的决策，可以称为战术决策。如一个人某次出行时交通工具的选择，一个企业对某种滞销商品的促销方式，一个机关的某次干部选拔等。当然战略决策与战术决策的区分是相对的，比如销售方式对一个企业而言，有时可能仅仅是关于某种商品促销方法的战术决策，有时则可能是关系企业经营方式定位的战略决策。同时，战略决策与战术决策也不能截然分开，比如某个学生选修某门课程的战术选择可能取决于对自己事业生涯和人生目标的战略决策等。

（2）确定型决策、不确定型决策和风险决策。确定型决策是指备选方案的数量是确定的，方案的后果及其制约因素也是确定的，决策的过程就是在若干方案及其后果之间进行比较、权衡并最后决定弃取。如一项工程有 A、B 两个施工方案，若按 A 方案可以保证质量优良率＞95%，得到因工程优质的奖励，但会超过预定工期十天，并受到延误工期的处罚；若按 B 方案可以比预定工期提前五天，从而得到提前交工的奖励，但只能保证质量优良率＞85%，因而会受到工程质量低于合同标准的处罚。这就要求施工者综合考虑方方面面的因素进行决策。不确定型决策是指在不能充分把握影响决策后果的因素数量及其影响力，不能准确预测后果情况下的决策。如某企业在决定是否推出一种新产品时，可以测算市场需求以及在各种不同价格、产量情况下的效益等，但却难以预测市场上什么时候会出现多少竞争对手和竞争产品，更难以预测会不会出现以及出现何种程度的信任危机、金融危机、突发事件、自然灾害等。平常我们所说“谋事在人，成事在天”“人算不如天算”讲的就是这种情况。不确定型决策虽然不能准确预测后果，但有时可以大致预测出某种后果出现的概率，则这种不确定型决策又称为风险决策。如我们去应聘时发现招聘单位只招三个人，应聘却有六个人，我们会知道只有 50%的机会，这时决定是否应聘就是风险决策。平常我们所说的做某事有“几分把握”“几成胜算”，讲的就是这种情况。

（3）个人决策和群体决策。顾名思义，决策主体是某个人即个人决策，也称独裁决策，决策主体是某个群体即群体决策，也称民主决策。例如，总经理独自决定解聘某个人属于个人决策，而董事会投票决定某项投资属于群体决策。

二、个人决策方法

个人决策就是个人独裁。但即使是个人决策也不能感情用事，也必须讲究科学的决策方法。这里介绍一下最优化决策模型。最优化决策模型一般包括以下六个步骤。

（一）搞清决策的必要性

决策是对存在问题的一种认知和反应，是由于事件目前的状态与我们所期望的状态之间存在着差距，使我们不满，所以不得不改弦更张，考虑有没有更好的方案。要特别注意的是，问题不仅仅是某种客观存在，更主要的是客观存在与主观愿望之间的、足以引起我们不满的差距。

例如，同是销售额下降2%，对于A公司来讲问题很严重，因为该公司一向业绩平稳或稳中有升；对于B公司来讲可能不是问题而是成绩，因为他们缩小销售额下降幅度的努力已经见效；对于C公司来讲可能不仅不是问题而且大喜过望，因为他们本来只想让销售额下降幅度控制在4%左右。A公司有重新决策的必要性，因为现实与期望有差距，说明过去的决策有问题；B公司没有重新决策的必要性，因为现实与期望正相吻合，说明过去的决策是正确的；C公司也没有重新决策的必要性，因为现实与期望虽有差距，但却是人们愿意见到的正值，说明过去的决策不仅是正确的，而且是超出预期的。在这种情况下，A公司进行决策，可能更好，也可能更糟，而B公司和C公司进行决策就很可能是瞎折腾了。所以决策是否成功首先取决于我们对问题，也就是对决策必要性的认识是否正确。

（二）确定决策的标准

一旦搞清楚确实有决策的必要了，也就是说必须选择了，那就要确定决策的标准，也就是确定决策时都考虑哪些因素、根据什么指标来选择。

比如，如果是上面所说的A公司，必须采取措施扩大销售额，那么要考虑根据什么标准来确定必须采取这个措施而否定那个措施？于是就要逐一罗列出与扩大销售额有关的标准，如成本、利润、市场份额、企业声誉等。

（三）对决策标准进行权重

所谓权重就是对决策标准的重要性进行评估和排序。

比如一个新建企业，迅速扩张最重要，那么提高市场份额就特别重要，为此宁肯成本高一些；而如果是一个传统高档名牌的生产厂家，确保名牌形象就特别重要，那么就会将企业声誉放在首位。

权重的具体做法有两种：一种是简单排序法，即有几项标准，就将最高值定为几分，然后按重要性逐级递降得出每项标准的分数，比如列出成本、利润、市场份额、企业声誉 4 项标准，而作为传统高档名牌的生产厂家，一般认为企业声誉最重要，就把企业声誉列为 4 分，如果利润次之，利润就是 3 分，成本再次之，成本就是 2 分，市场份额最后，市场份额就是 1 分。另一种是相对比重法，可以这样进行：在列出的所有标准中找出最重要一项确定为基准分数，其余标准则根据其相对于基准的比重，配比出不同的相对分数。如企业声誉的重要性列为 10 分，利润的重要性相当于企业声誉的 80%，则列为 8 分，成本的重要性相当于企业声誉的 70%，则列为 7 分，市场份额的重要性仅相当于企业声誉的 20%，则列为 2 分。

（四）开发备选方案

这一步就是开发并排列出能够解决问题的所有可能方案。如解决前述 A 公司销售额下降问题的方案有：加强广告宣传、大幅降价、有奖销售 3 个方案。

（五）评估备选方案

这一步就是根据第 2 步确定下来的标准和第 3 步确定下来的权重关系，对第 4 步提出的各备选方案进行冷静客观的评估。比如，根据相对比重法对加强广告宣传的方案是这样进行评估的：加强广告宣传对提高企业声誉可以达到完全令人满意的效果，所以权重表中为 10 分，评估中为满分，所以也是 10 分。加强广告宣传对增加利润和降低成本作用不大，因为宣传活动本身的成本很高，所以虽然权重表中这两项分别为 8 分和 7 分，但评估中仅得到约 1/4 的分数，各 2 分；至于提高市场份额，宣传肯定会起到不小的作用，但不会有大幅降价和有奖销售那样的效果，因为毕竟准备购买高档名牌产品的人群不是低收入者，他们更关心品位和品质，不会对低价或小实惠感兴趣，这样在权重表中为 2 分的市场份额估计能得到一半的分数，即 1 分。将加强广告宣传方案的四项得分相加即为这一方案的总分。以此类推，可以将三种方案都进行评估打分。

（六）选择最佳方案

最优化决策模型的最后步骤是选择，即从各种方案中选出综合得分最高的方案。

在这里特别需要指出的是，最优化决策模型并不是万能的。因为要完成最优化决策还需要一系列假设作为前提：决策者是冷静而理性的，决策者有明确的目标，决策者掌握并深入了解所有的备选方案，决策者有准确而足够的信息和客观的态度以进行准确的权重和评估，决策者立场和态度稳定等。如果上述任何一条不具备，决策都难以最优化。所以现实中的决策除最优化模型外，还有偏爱模型、满意模型、直觉模型等其他决策模型。

三、群体决策方法

群体决策也就是民主决策，是越来越成为主流的决策方式。

（一）群体决策的主要优点

（1）投入更完全的知识与更多的信息。每个人的知识结构不同，信息来源不同，通过多个个体的综合，可以在决策中投入更多的知识和信息，从而减少个体决策中因知识结构不合理、信息掌握不充分而造成的偏颇。所谓“三个臭皮匠，顶个诸葛亮”就是这个道理。

（2）增加观点的多样性。随着决策人数的增加，观点的多样性也在增加，异质性使不同观点、办法、方案间有了交锋、冲突的机会，从而可以克服各自立场、观点的片面性，甚至激发新的灵感。所谓“兼听则明，偏听则暗”就是这个道理。

（3）提高决策的可接受性。群体决策实际上是提高了将来要执行决策的人对决策过程的参与性。事实表明，由于参与了决策过程，掌握了更多决策信息，人们不仅自己更倾向于接受决策，还会鼓励别人接受决策。

（4）增加了决策的合法性。随着民主意识、参与意识的觉醒以及与此相应的法律法规、规章制度的建立健全，个人的独断专行会越来越失去其制度依据，从程序上被人们所拒绝和否定。

（二）群体决策的主要缺点

（1）速度慢。群体决策依赖于群体沟通，而沟通就需要时间，群体规模越大、沟通越充分，越能体现群体决策的优势，但也越能暴露出群体决策时间长、速度慢、效率低的缺点。

（2）从众压力。进行群体决策的本意在很大程度上是因为群体决策中能够有异质观点、不同方案间的冲突，但许多人为了避免孤立往往屈从于群体压力，表现出“随大溜”“随风倒”的从众行为。

（3）少数人控制。群体中往往会有一些地位特殊或爱出风头的人来控制和影响群体决策的方向。特别是这个人如果偏偏是低水平或恶意操纵的人，那么情况就会很复杂或很糟糕。

（4）责任不清。群体决策中应当是群体成员对决策后果共同承担责任，但最后结果往往是决策正确时大家争抢功劳，决策失误时无人承担责任。另外群体决策因风险分担，往往会表现出更大的创造性和冒险性，所谓“天塌下来大家顶着”。

那么群体决策和个体决策究竟孰优孰劣呢？应该说各有利弊，谁也不是万能的，谁也不能完全取代谁。一般说，群体决策比个体决策更准确，较少有大的和明显的错误；群体决策比个体决策更富有创造性；群体决策比个体决策可接受性更高；群体决策比个体决策速度更慢，效率更低；群体决策比个体决策更容易推诿扯皮。总之，究竟采取群体决策或个体决策并无一定之规，而要视情境而定。比如说，军队在战场上打仗，就必须多用个体决策而少用群体决策，才能适应瞬息万变的战场形势，而企业里关系所有人切身利益的重大改革，则应更多使用群体决策，以便尽可能全面地反映各方面的利益，并提高改革方案的可接受性，从而减少改革阻力。

（三）群体决策的方法

群体思维是指群体形成某种整体性、一致性的观点，而对少数人的、异端的、不受欢迎的观点不能客观对待。例如，我们经常会看到，开会讨论时，让大家畅所欲言，给大家发表意见的机会，但大家谁也不说真心话，都在那里随声附和，最后一致通过，可散会后私下议论时，你也不满意，我也不满意。这意味着，我们付出了群体决策的代价，如速度慢、成本高等，但并没有得到群体决策的益处，如集中集体智慧、增加观点多样性、提高方案可接受性等。

群体思维的原因很复杂，但从众肯定是最重要的原因。因此人们设计了脑力激荡法、名义群体法、德尔斐法、电子会议法等多种群体决策的方法来抑制群体思维现象，以兴群体决策之利，除群体决策之弊。

（1）互动群体法。互动群体法即平常所说的面对面的群体讨论。这种方法的优点是简便，但最大的缺点是面对面的压力会导致从众，容易出现群体思维，使群体决策流于表面形式。

（2）脑力激荡法。脑力激荡法是通过限制评论和相互激发，来刺激创新灵感的群体讨论方法。具体做法是：第一阶段是提案阶段。所有参加讨论的人坐在一起，人数不宜过多，一般几个人至十几个人，首先由群体领导将要讨论的问题向大家交代清楚，其次在给定的时间内大家畅所欲言，自由联想，相互激发，想出尽可能多的解决方案。规则是：作为发言者，要充分活跃思维，没有任何顾忌，方案不必完善、不用论证；作为听众，无论别人的方案多么稀奇古怪，都不得进行评论；作为领导者，必须鼓励发言，禁止评论，并安排专门人员客观记录所有方案。第二阶段是评论阶段。提案阶段的发言完全结束后，开始对记录在案的所有方案进行分析、评论，并形成最终意见。脑力激荡法的关键，一是鼓励异端，二是延迟评论。这两点有效地排除了发言者的顾虑，再加上互相激发灵感，所以在创新思维上是非常有效的。据日本的一项调查表明，在特别重视创造力的364家日本公司中，脑力激荡法在创新思维训练和寻求创意的方法中排在首位，有87.1%的公司经常运用这种方法来激发员工创造力。

（3）名义群体法。名义群体法是通过对群体成员的沟通进行一定限制来减少从众，收个人决策和群体决策之利，避个人决策和群体决策之弊的决策方法。具体做法是：第一步，准备讨论。群体成员坐在一起准备讨论，但在集体讨论前，要先独立地将自己的观点写下来。第二步，陈述观点。每个成员按顺序一个接一个地轮流说明自己的观点，但每一轮只说明一个观点，直到所有人讲完所有观点并统统记录下来。第三步，讨论观点。群体开始充分讨论每个人的观点，允许别人评论，也容许本人解释。第四步，比较排序。每个群体成员独立对每个观点进行打分排序，优者在前，劣者在后。最终将每个人排序的结果汇总，排序最靠前、选择最集中的那个观点就是群体决策的结果。名义群体法的特点是将个人决策和群体决策结合起来，开头的提出观点和结尾的形成结论是独立思考的个人决策，避免了从众的影响，保证了观点的多样性，中间的讨论环节是集体讨论，发挥了集体智慧、相互激发、旁观者清等群体决策的优势。所以这个群体是个不完全的群体，故称“名义群体”。脑力激荡在创新上的确有实效，但难于形成统一决策，而名义群体则不存在这个问题。

（4）德尔斐法。德尔斐法与名义群体法类似，但比名义群体法限制更严格，自始至终根本不让群体成员见面。具体做法是：第一步，制作问卷。先明确要解决的问题，把问题制作成要求群体成员通过独立填写个人看法来提出解决方案的问卷。第二步，首次填写问卷。发放问卷，群体成员匿名并独立完成问卷的填写。第三步，首次整理问卷。将回收的问卷进行首次整理，形成首轮结果。第四步，二次填写问卷。将首轮整理出的结果发给每位群体成员，群体成员看完整理结果后，第二次填写问卷。第五步，二次整理问卷。后面两步可重复进行，直到找出大家都满意的方案。德尔斐法在避免从众和群体思维方面比名义群体法更有效，而且可以不集中开会，更适用于地理位置分散的群体，但比名义群体法更复杂、更费时间。

（5）电子会议法。将名义群体法与电脑技术结合起来就成为电子会议法。具体做法是：在会议室中准备一个大屏幕，并为每个人准备一台电脑。会议组织者首先将问题投影在大屏幕上；其次群体成员将自己的观点和选择输入电脑，并匿名显示在大屏幕上；最后是讨论和表决环节。这样做的效果与名义群体法类似，但利用电子技术，解决了速度慢、效率低的问题。

第六章　组织行为管理的未来展望

第一节　互联网环境下的组织行为管理

一、互联网环境对组织行为管理的作用与影响

（一）数据信息处理更加规模化

随着互联网技术的不断普及与发展，越来越多的企业已经开始应用互联网技术，从而使企业的数据信息处理更加便捷化、规模化，数据信息也更加准确。在实际的企业组织行为管理过程中，互联网技术能够对大规模的数据进行处理与分析，从而发现信息的内在价值与作用，使企业的数据信息处理能够更好地为企业发展所服务。同时，企业通过建立专门的互联网管理平台，对企业组织行为进行管理，这样就能够进一步提高企业组织行为管理的工作效率，节省人工管理的时间。

（二）实现信息的多样化共享

在一般情况下，企业的数据信息类型可以大致分为结构化的数据类型和非结构化的数据类型两种模式。在企业进行信息共享这一过程中，互联网技术可以通过自身优势，对数据信息进行科学的分类与整理，从而实现信息的多样化共享。比如，当企业在对结构化的数据信息进行整合与处理的时候，可以将同一类的信息数据放置于同一表格中，通过互联网技术进行处理，并且将所处理好的信息以及数据进行多样化的共享，这样就能够使信息的传递更加方便、快捷，从而建立更加完善、多样化的互联网信息共享系统。

二、互联网环境下组织行为管理的有效策略

（一）创新组织行为管理观念，制定明确的组织行为管理结构

在企业中，工作人员的组织结构管理能力是十分重要的，这也是一项非常重要的活动管理过程。所以，在现阶段，企业应该不断地创新与完善组织行为管理的观念，在进行组织行为管理结构设计的时候，也要充分地意识到企业自身发展的实际情况以及企业内外部的环境因素和条件差异，从而制定更加准确的组织行为管理目标以及更加完善的组织行为管理结构。健全、完善的组织行为管理结构和准确的组织行为管理目标能够积极地推动企业的发展，如果盲目地扩大组织行为管理的结构，则会导致企业内部的机构过于庞大，从而降低企业的经营效率，增加企业的运行成本，所以，在实际过程中，必须综合考虑各方面的原因，制定符合企业发展的组织行为管理结构。与此同时，在互联网背景下，应该充分利用互联网的优势，提高企业整体的发展水平。企业应该充分地收集经济市场中的数据信息，通过互联网技术对其进行分析与整理，进而将这些数据作为企业开展各项经营活动的前提条件和基础。另外，在现阶段企业的数据分析过程中，应该对传统的抽样分析法进行创新，因为传统的方法在一定程度上会受到环境因素的影响，从而影响结果的准确性，所以，企业的管理者，应该受到互联网技术的启发，转变数据分析的思维与观念，将企业组织行为管理所涉及的数据全部纳入互联网技术中，通过互联网丰富的资源对数据进行分析，从而使数据的结果更加准确。

（二）优化企业组织结构的层次以及幅度，创建合理的管控体系

企业中，组织行为管理结构的设计必须经过充分的调查与研究，全方位地考虑企业现有的价值目标以及发展，结合企业现有的人力、物力等资源，使组织行为管理的结构更加完善，创造更加具有市场竞争能力的企业文化，可使企业的组织结构层次与幅度都能够得到有效的提升，从而提升企业的经济效益与经营效率。组织行为管理结构的创建必须符合企业自身的经营目标以及经营特点，在具体实施的过程中，也要充分地考虑到企业自身的特点以及管理的条件，充分地借鉴其他企业先进的管理模式以及经验，使企业的组织行为管理结构更加完善。同时，企业的组织行为管理结构也必须要随着企

业的发展不断地优化与升级，从而更加适应企业的发展。在现阶段互联网技术的背景下，企业中的领导者应该及时转变管理角色以及管理观念，从企业发展的角度出发，整体性地提高企业内员工的综合素质，从而实现优化组织行为管理结构的目的。

（三）加强组织行为管理的信息化建设，建立健全评估体系

在互联网时代背景下，企业中的管理者应该加强企业组织行为管理的信息化建设，从而对整个企业的业务发展、生产流程进行系统化的控制与整理，建立属于企业自身的经营与发展制度，同时，企业内部也要建立专门的信息处理、收集以及传统软件或者网络平台，由专门的工作人员对企业的信息进行深度挖掘与统计，通过该平台，对企业的内部进行实时监控，使企业的整个生产流水线都更加优化，这也是降低企业内部风险的有效策略，同时，对于企业的外部环境，互联网平台也能够全面了解到消费者的需求，从而帮助企业制定更加准确的发展目标，规划发展方向，从而使企业的产品能够具有十分绵长的生命周期，企业也更具有特色核心竞争能力。另外，企业也要建立更加健全的信息化评估体系，从而紧紧抓住市场经济以及企业内部的变化情况，使企业组织行为管理结构更有工作效率，帮助企业管理者更加准确地找到企业的发展目标，同时也能够针对市场变化快速地做出反应，防止发生经营方面的风险。

第二节　新权力范式下的组织行为管理

传统社会中权力的垄断性导致了权力实现过程是由从支配者到接受者的单向度运动，并受到严格控制。然而，互联网与信息技术的发展改变了权力发生的社会场域，打破了传统社会中权力的垄断局面。正如卡斯特所指出：“新的权力存在于信息的符码中，存在于再现的影像中；围绕这种新的权力，社会构建了它的制度，人们建立了自己的生活，并决定自己的行为方式。”由此可见，新型权力范式下的权力主体、权力基础、权力结构、权力运作模式和逻辑都发生了巨大改变，并渗透到现代经济、政治以及社会生活的各个方面。

一、新型权力范式下的权力主体与权力基础

互联网信息技术的发展构建了一个开放性、关系性的网络社会，不同于传统农业社会的差序格局以及工业社会的团体格局，网络社会所呈现出的典型的“去中心化”格局使得传统权力、机构和垄断渠道失去了中心地位与控制力。权力的基本单位由正式组织降为个体，由少数精英转向普通大众，并赋予个体以话语权和行动权，从而使得权力的主体与客体之间更多地以平等、自愿原则开展合作。

随着互联网技术将信息传播的边界打破，信息开始通过网络渠道扩散至整个社会的普通个体，信息权力的主体已经从传统社会中权力的控制者转变为人数上占有绝对优势的普通社会成员，社会个体由于所掌握的信息而成为权力的承载者。这种信息权的凸显主要体现在：①信息获取的便捷性。在传统社会中，信息具有一定的垄断性，只有少数人能获得有价值的信息。而在当代社会，互联网技术的发展推动了信息渠道的开放。②信息传播的畅通性、受众的普遍性和传播成本的廉价。传统社会中信息及其信息的传播很容易被人为控制，由此所导致的孤岛效应使信息的作用难以发挥，而现代互联网通信则把零散的信息串联起来，信息更容易以扁平化的形式进行传播。信息能否被传递不再取决于传播者的意图，而是取决于信息本身具有的价值。③信息拥有的对称性不断加强。权力是一个人对另一个人的影响力，拥有关键信息则可能改变权力双方的地位较量。整体而言，信息不对称性越严重，占据信息相对优势一方的权力就越大，信息越对称，占有信息优势一方的权力就越小。随着网络技术的发展以及互联网的普及，这种不对称性也将逐步降低，权力主体与客体对于信息掌握的对称性将不断加强。而在这种传递过程中，信息价值属性的重要性得到极大的提升。网络社会的关系结构以及开放程度改变了资源的稀缺程度，促进了资源、信息以及知识在更为广阔的领域内流通并寻求到更多的行动者认同，使得权力不集中于机构（国家）、组织（企业）或是象征符号的控制者（如媒介集团、教会），而是存在于由意志所建构的信息编码、图像及其社会认同中，并最终建立起以强调沟通、协作以及横向联系为基础的新的权力结构。社会行动中的主体只有通过获取社会认同才能对社会群体中的其他个体以及社会运作本

身产生影响、操纵和支配的能力，这种能力的获取是基于对社会中多元化个体之间互动关系所处的社会环境和社会问题的阐释，是知识和信息的整合，以及在此基础上获得群体认同的过程。

二、新型权力范式下的权力结构和权力运作模式与机制

基于社会网络理论的解释，当代权力研究应该遵循一种多元的、片段性的、属于特定的历史和空间的分析模式。根据社会网络理论，在限定的社会空间里，行动者的行为、身份认同、信任感以及行为规范依赖于其所处的社会网络结构。这种结构不是静态的，而是一种资源、信息和影响力在社会系统之间流动的动态过程。行动者之间的社会关系会通过社会联结本身（如密度、强度、对称性、规模等）来说明特定的行为和过程。其中，同质性高的个体很难互相提供所需的信息，而异质性则可以成为寻求信息的桥梁。具体而言，新权力范式下的权力结构由静止转为动态，使得原本分散、微弱的个体力量，在互联网媒介的基础上通过交互与延伸得到强化。这种在关系网络中通过“共享”模式汇聚而成的个体权力在认同的作用下最终产生了“整体大于部分之和”的群体协同效应，形成权力势能。

综上所述，当代权力不是互联网背景下对传统权力的简单延续，而是一种与传统权力存在本质差异的权力新范式，新型权力范式是权力由政治哲学领域向社会化权力概念转移后的必然产物，是社会进步在权力领域的体现。首先，知识的发展和信息的共享使得权力主体实现了由个体向群体的扩散，社会发展也由此变得更加多元化，新型权力范式的开放性、共享性和分散性是对多元社会发展形态的理论概括与总结。其次，相比于旧权力范式中权力自上而下的运作，新型权力范式中自下而上的运作更加明显。尽管早期的东西方政治哲学都存在原始朴素的民本思想，但权力的持有者总是依靠神学、宗教、军队以及知识把持了权力的所有权。而随着社会的发展，民众受教育程度的提高，以及公共领域交流的日益频繁，公众权力得以凸显，形成自下而上的驱动力。再次，权力结构由原有的静止转为动态发展，权力不再局限于特定的主体。承载着价值的信息在传递的过程中不断被扩大并获得新的认同，群体化的权力主体不仅

实现了原有权力主体的分散，还使得权力结构具有了动态性的特征。最后，权力模式及其运行逻辑的改变。新型权力范式实现了权力自下而上的运作，并在权力结构的动态转变过程中孕育出以参与、协同为主要形式的运行逻辑。由此可见，新型权力范式不仅是对旧权力范式的发展，其强调聚集而催化的权力势能，又将推动权力概念的进一步解读。

三、新型权力范式对微观组织行为的影响

员工行为一直都是组织人力资源管理实践的核心和相关组织行为学理论关注的焦点问题。已有研究表明，员工的自我权力感知和员工行为表现具有显著相关性。新型的权力范式打破了信息孤岛效应，使得信息资源以更加开放的形态呈现在社会个体面前，个体可以在平等开放的环境下享有信息资源带来的信息权力，并有机会借此挑战固有的权力体系。在新型权力范式影响下的组织关系中，领导与员工的关系不再依托于原有的组织层级，权力地位也因信息力的干扰而改变，员工隐性知识的掌握将极大地增加领导者对下属的依赖程度，这种变化将极大地提升员工的自我概念和权力感知。而关于员工主动性行为影响因素的研究表明，组织授权行为、工作自主性以及自我效能的提升与员工诸多的主动性行为呈正相关。例如，主动变革行为、创新行为、建言行为、组织公民行为以及助人行为等。据此，新型权力范式对员工主动性行为具有促进作用。此外，已有研究表明，员工反生产行为的发生多与员工的消极情绪有关。例如，工作压力、心理契约违背、工作满意度下降等，而组织公平、组织承诺、组织支持等则与员工反生产行为呈负相关。新型权力范式以大众为驱动，强调权力来源的多元化，重视个体间的合作互助，通过信息和知识共享为个体发展提供有效动力，能够激发员工内在动力，焕发工作激情，有效缓解由于工作特征因素所带来的个体压力。但与此同时，新型权力范式将权力原有的自上而下传递改为多元式的分散结构，使得个体成员的权力身份由单一维度转变为权力施加者和承受者的双重维度。尤其是在权力传递的开放性边界中，个体的中心性位置又将进一步导致权力势能的聚集，导致个体权力感知不断增强，已有研究表明，员工个体感知权力的上升又和膨胀的自我认知和自我中心取向息息相关。

而这会导致个体对组织报酬奖励、人际互动等方面存有不切实际的期望，进而引发互惠观念的扭曲，导致个体对采取反生产行为进行回应。

领导行为是影响他人以及组织团队成员共同达到团队目标的过程。有研究者认为，随着社会经济环境的日益复杂，处于上级、同事和下属复杂关系网络中的领导者需要根据情境要求扮演多种角色并采取多样行为，才能满足关系网络中不同主体的期望。首先，新型权力范式改变了上下级之间原有的信息不对称，下属更加多元化的认知和信息来源使得领导者对信息资源的把控力逐步下降，领导者的影响力从此不再固定在少数地位高的群体成员手中，下属在上下级关系中的被依赖性和权力力量的逐步增强将推动领导力向领导支持力的转化。这种因为个体权力来源受到冲击而导致的领导方式转变必然会对现有的领导风格形成重要影响。梳理已有文献可知，变革型领导、授权型领导、参与型领导以及谦逊型领导都具有注重员工内在激励激发、尊重员工意见、给予下属支持、注重信息共享等相应特征。据此，新型权力范式会进一步强化和塑造这些具备适应性和人文关怀的领导风格。其次，在新型的权力范式中，上下级之间管理与被管理的关系模式逐步弱化，两者之间的合作关系逐步加强。尤其是在全球技术创新以及知识经济快速发展的情况下，组织成功更加依赖员工的个体优势和贡献，而下属员工对隐性知识的掌握又极大地改变了上下级之间原有的权力依赖关系，原有的纵向层级管理很难对组织成员构成管理束缚，这将促使领导者在更加平等和合作的态度基础上构建新型的上下级关系。据此，新型权力范式会进一步促进上下级平等关系的发展，减少权力认知差距。最后，新型权力范式的发展打破了组织内层级与部门之间的边界，使得组织的人力管理模式进一步从传统的金字塔式逐步转向互助和协同的扁平化管理方式，强调团队信息资源的共享与团队成员之间合作共赢，这将有助于领导成员交换关系的建立与发展。但组织的扁平化发展又将使得员工在组织中的晋升机会更少，并使得下属和领导之间原有的传统、单一维度的“领导—从属”关系向着“领导—竞争”关系转化。

四、新型权力范式对宏观组织行为的影响

组织文化是指组织在文化价值观的驱动下所表现出来的固有行为倾向。已有研究往往根据组织目标偏好差异把组织文化导向划分为员工导向与结果导向两类。员工导向型文化强调对员工需求的满足，以员工的发展和价值增值为主要理念，具体表现为企业崇尚公平与信任，上下级关系通常建立在平等和尊重的基础上，注重员工内在激励，注重组织支持，通过对信息等相关资源的分享，为员工提供学习和成长的机会。而结果导向组织文化强调目标的实现和当期任务的完成，组织管理以规则为导向，对员工的激励方式常与组织绩效相挂钩。权力来源的变化会推动新型员工与组织关系的发展并反过来拓展个体的权力边界。新型权力范式强调自下而上的权力运作模式，具有被依赖性的员工个体将在权力关系中占据主导地位，从而改变原有组织管理中自上而下的层级模式，推动管理的扁平化和民主化进程。此外，由于信息资源在上下级之间对称性的加强使得上下级之间的依赖关系也更加向下属方倾斜，进而增加了组织发展对员工的依赖。新型权力范式对员工导向组织文化具有促进作用，对结果导向组织文化具有抑制作用。组织结构界定了组织对工作任务进行分解、组合和协调的方式，主要包括部门化、工作专门化、管理幅度、集权化、正规化以及柔性化等因素。集权化程度反映了组织内部权力和威望的集中程度，主要体现在员工参与决策程度与权力等级结构程度两个方面。正规化程度用来表示组织中的规则、程序、制度等被正式用文件加以记载的程度。组织正规化程度越高，则员工柔性越低。而柔性化程度是指组织快速适应新环境能力的高低，组织柔性化程度越高，则组织的灵活性和多样性越高。新型权力范式的发展从根本上转变了权力运作的方向和模式，使得原有封闭式的层级管理被迫向开放性的网络管理模式转化，并逐步破除原有的自上而下的垂直纵向结构，这些转变将最终促进组织结构的扁平化和网络化发展，并不断加强组织结构的柔性化，从而导致组织的 3 个关键结构性维度发生更为深刻的变化，即正式化程度降低、复杂性提高和集权程度降低。新型权力范式对组织结构的柔性化具有促进作用，对组织结构的集权化与正规化具有抑制作用。组织氛围被定义为在某种环境中员工对一些事件、活动和程序以及那些可能会受到奖励、支持和期望的行为的认

知，这种认知与员工的思想、情感和行为密切相关。组织氛围可分为支持性组织氛围和控制性组织氛围两种。支持性组织氛围意味着组织鼓励和包容多元化、集思广益、支持新观点、鼓励负反馈，员工拥有工作的自主性；反之则是控制性组织氛围，其强调控制与监督、保留资源、限制信息流动。由于新型权力范式打破了原有权力的封闭状态，权力主体变得更加多元，而互联网技术所造就的平等、自由的网络空间又促进了原有组织管理中刚性管理模式的没落。知识与信息的共享以及个体间的交流沟通，使得个体在权力的对比中掌握越来越多的主动权和自主权，更加推崇行动和思想的自由，注重自我意识的表达和价值观的坚守。这些都使得组织管理者不得不越来越多地关注员工需求，注重人性化的管理模式。因此，新型权力范式对支持性组织氛围具有促进作用，对控制性组织氛围具有抑制作用。

五、新权力范式下的组织行为管理对策

组织行为管理是各级领导者对下属行为分析和影响的过程，既是管理工作的核心，也是领导工作的本质。针对新型权力范式对组织行为所带来的影响，本研究认为，在微观上，组织行为管理要从新型权力范式的特征入手，转变权力意识；在宏观上，则要注重在新型组织关系的发展中通过自身实力的提升获取网络权力。具体意见阐述如下。

（1）转变权力认知，建立上下级复合依赖关系。开放式的去中心化格局打破了权力的封闭性来源，权力的主体已经由个体转变为群体，这就要求企业管理者要转变已有的高权力距离认知，认识到新旧权力范式在一定时期内可能共存的事实。具体而言，领导者会继续依赖对组织物质资源的掌握而占据上下级依赖关系中的优势地位，而员工也会逐步依赖对组织非物质资源的掌握而形成新的依赖优势。在新的权力范式下，上下级权力关系的对称发展是在各个方面的多维依赖，下级依赖上级获取发展的必要资源，上级依赖下级获取新的价值和市场。这种新权力范式下的多维依赖为上下级建立复合型依赖关系奠定了良好基础，因此，领导者在日常的工作和决策过程中要尊重并承认下属专业知识和工作经验的价值，努力构建上下级之间长期合作型战略关系。

（2）注重信息管理与人文关怀的双管齐下。新权力范式下的数字信息资源取代了原有的物质资源成为权力的基础。而作为组织的领导者更应该清晰地认识到，在信息时代，数据背后的算法才是真正的权力来源。大数据所带来的权力将使得个体拥有“神机妙算”的能力。然而，不论是流水线管理还是系统内的算法，都是在利用垄断获取权力，当数据开始集中在极少数人手中时，便会造成新的权力分级。作为企业管理者，一方面，要在未来的组织管理中加强对算法和数据的管控；另一方面，更要注重新形势下内部信息管理的立法问题，将监控、治理和人文关怀相结合。在利用大数据技术的优势提高组织信息管理水平的同时注重对员工的人文关怀，发挥数据管理的工具性作用。

（3）拓展权力网络，建立全方位的多向联盟。在等级制度中，领导者通过职位获得权力，而在新的权力范式下，权力结构由静止转为动态，领导者需要学会在一个或多个的方向中获得权力。由于权力的发展不再局限于原有的层级结构中，因此，领导者要学会在网络中构建全方位的联盟关系。例如，通过向下同具有优势的下属建立联盟，利用员工的差异化优势拓展自身实力，完成组织目标；在横向上与在组织中乃至组织外的高价值个体构建横向联盟，努力获得社交网络中的中心位置，从而保证自身能够持续获得多元化的积累资源，有效增加领导权力的稳定性；而向上联盟能够让领导者有机会接近并影响重要的决策者和利益相关者，这些有价值的合作伙伴将提升领导者的宏观把控能力，并巩固领导者在上下级关系中的绝对地位。

（4）注重参与协同，成为更有效的管理者。新权力范式下的权力模式由自上而下变为自下而上，权力运作模式也已从利益交换转变为参与协同，双方只有在合作的情况下才可能获得更为广泛的价值来源。尤其是互联网时代带来的信息便捷，使得单一、垂直的正式领导已经不可能拥有团队管理和发展所需的全部知识、能力和技能。组织环境的瞬息万变对领导者提出了更高的要求。领导不仅要保持学习和自我提升的心态，勇于放弃甚至否定过去的成功模式，更要通过团队上下的协同式发展来应对外部环境的瞬息万变。员工个体权力的获取使其会拥有更好的趋近动机（如更有动力去实现目标），领导者要学会利用员工的趋近动机来建立和强化上下级合作关系，或是利用组织目标的设定使团队成员为了共同的目标而努力工作，减少团队中不必要的权力斗争。

（5）注重新型组织关系发展，占据关系网络中的有利地位。从宏观的角度而言，新型权力范式改变了以往的个体关系和组织关系，并使得企业所面对的外部环境更加变幻莫测。尤其是对组织外部而言，新型权力范式的产生将导致无边界组织的大量涌现，单个企业的权力导向行为在无边界的交互中可能会引发新的权力冲突。这就要求组织要进行渠道和信息的共享管理，努力和外部合作伙伴塑造共生共赢关系。此外，组织要在内部授权和发展扁平化管理的同时注重外部地位的获取。由于无边界组织的发展会促使跨组织权力协调机制的建立，如果想要在跨组织的合作协商中获取有利地位，组织就要在扩大联盟时同步努力提升企业实力，从而才能在新型的关系网络中占据有利地位。

权力范式与社会发展的共同演变给组织行为管理带来了很多新的课题，尤其是上下级之间“非对称性权力依赖关系”的转变，会使得下属在双方互动态势的发展中逐步获得更多的依赖性优势，并对领导者行为和组织行为产生各种影响。鉴于此，本研究对权力发展的梳理有助于企业管理者明晰新型权力范式的特性渊源，有关建议的提出也是基于新型权力范式的基础特征。由此，企业管理者要在了解事物发展本源的基础上从微观入手塑造领导支持力，从宏观入手坚持企业的变革与创新，发展自身企业实力，只有这样才能真正做到以发展的理念解决发展的问题。

第三节　差序格局下的组织行为管理

一、差序格局下组织的特征

（一）组织内外关系的深度嵌入

传统中国社会，建立在“五伦”（君臣、父子、兄弟、夫妇、朋友）关系基础上，血缘、地缘关系成为人与人之间联系的纽带。当代社会深深受到传统的影响，社会关系不可避免地深深嵌入组织中。组织在用人时，一般情况下，领导更愿意选择那些具有血缘、地缘关系的人，使得组织内部形成了“亲缘”

群体。同时，由于组织内部成员之间相互交往、互动，逐步形成了关系密切的“拟亲缘”群体。依据霍夫斯泰德的理解，这种“拟亲缘关系”是集体主义社会的共有特征，他认为：“集体主义社会中总会有一些方法，使得那些没有亲缘关系却同属于一个群体内的人们建立起一种类似家庭的关系。”无论是组织外关系的嵌入，还是员工互动中形成的“拟亲缘关系”，在组织内部形成了一定的“圈子”，它们游离于正式组织之外，对正式组织的决策产生了深远的影响，使得整个组织运行呈现出“非正式性”的特征。

（二）正式组织的非正式性

在西方社会，正式组织一直起着主导性作用，长期以来，非正式组织并未引起重视。直到哈佛大学梅奥教授在西方电气公司所进行的“霍桑实验”，才敏锐地发现在正式组织内部存在着“非正式组织”，值得注意的是，车间中的社会群体能够对成员个体的工作行为施加强有力的控制。在正式组织内部员工相互互动，以“情感”为纽带，逐步形成“非正式组织”。而中国则不同，由于受到集体主义传统的影响，组织的建立必须首先考虑人际关系，“集体主义社会中人际关系胜过工作任务，因此首先应该建立人际关系；而个体主义社会中，工作任务要比个人关系更重要”，使得正式组织就建立在关系之上，这与西方的组织存在着根本性的区别。中国组织呈现出以领导者为中心的差序格局，领导与员工、员工与员工之间存在着一种“拟亲缘关系”，工作中他们保持着同事关系，在工作之外，存在着朋友、熟人等多种关系。

（三）组织中的“圈内人”和“圈外人”

“差序格局”中权力距离和信任程度不同，使得组织内部分为“圈内人”和“圈外人”。“圈内人”离权力中心距离较近，得到组织的高度信任；相反，“圈外人”离权力中心距离较远，得到组织的信任程度较低。当然，“圈内人”中，也有亲疏远近关系之分。霍夫斯泰德认为这也是集体主义社会的共有特征，个体主义社会主张对每个人一视同仁，而集体主义社会刚好相反。内外有别是人们头脑中根深蒂固的认识，即对待自己的朋友要比对待其他人更好，并认为这种做法是正常、合理而且符合道德的。内外群体的区别正是这种意识的根源。这种“圈内人”和“圈外人”结构形成了中国组织的非正式结构，而组织的正式结构则是建立在等级链之上的“金字塔”式结构，这与西方的组织结构并无差别。这种隐藏着的“圈内人”和“圈外人”非正式结构与组织的正式结构是同时并存、相互作用的，它构成了组织运行的真正基础，影响着个人在组织中的地位、组织决策的过程以及个人晋升等诸多方面。

（四）组织的规章制度

“差序”运行像西方组织一样，中国组织中也存在着一套规范组织运行的、严格的规章制度，“圈内人”和“圈外人”差序对待。“圈外人”必须严格执行规章制度，如果违反规章制度，则严格控制，而“圈内人”并非严格按照规章办事，即使违反也可以通融。霍夫斯泰德用集体主义和个体主义这两个维度的对比来解释这一社会现象，中国属于集体主义社会，在个体主义社会中，法律和权力对所有人一视同仁，不会歧视地对待每一个人。而在集体主义社会中，法律和权力对不同的人群会区别对待，即使不是从理论上这样做，人们也会在依法行事上采用这种方法，并且不认为有过错。事实上，霍夫斯泰德只看到了其中一个方面，没有看到形成集体主义的纽带关系，集体主义社会有着复杂的、建立在血缘和亲缘基础上的关系，这种关系的纽带往往在效用上高于组织的规章制度，关系的亲疏远近是判断“圈内人”和“圈外人”的标准，也是规章制度运行的界限，呈现出“圈内人”和“圈外人”差别对待。不过，有时“圈内人”也必须严格遵守规章制度，其目的主要是严格纪律，对“圈外人”起到表率作用。

二、差序格局下组织的积极效应

在中国传统文化、差序格局社会结构的影响下，中国组织呈现出不同于西方的特质。从其优势上讲，主要体现在以下三个方面。

(1) 组织的“非正式性”使得员工具有强烈的归属感。组织内外关系的深深嵌入，使得中国组织与西方呈现出不同的特征。西方组织建立在严格的规章制度和自上而下的等级控制体系之上，外在形式呈现为“金字塔”式结构；而中国组织的建立以关系为基础，根据关系的亲疏远近形成了一种“圈层结构”。在西方很多学者看来，“金字塔”式的组织结构是人类目前采用的最有效率的组织结构。马克思指出："从纯技术的角度来说，组织管理采用官僚制才能保证获得最大效率；也是从这个角度来说，官僚体制是对人类实现必要控制所采用的最理性的方法。与其他形式相比，官僚制不论在精确程度、稳定性、纪律的严格性，还是可靠性方面，都更胜一筹。"然而，它是建立在自上而下的控制体系以及严格的规章制度之上，主要弊端在于低层员工缺少自由、民主、平等的感受，对组织很难产生归属感。中国组织是建立在关系之上的"圈层结构"，深深受到差序格局的影响。在差序格局中，家庭、家族是主要的生活场所，在人与人长期互动中，形成特有的经验、习惯以及文化，并且潜在地影响着参加家族以外的团体和组织的活动。他们自然而然地将家族中的结构形态、交往准则推广、带入非家族的团体和组织中。因此，组织中领导和员工之间、员工和员工之间具有"拟亲缘"的关系，组织不仅是员工工作的场所，而且是除了家庭以外的情感归属地，很大程度上满足了员工的情感需求。利用圈子逻辑管理企业，可以解决现代组织冷冰冰的状况，使得组织充满人情味，给员工带来归属感，进而调动其积极性。相反，那些只注重组织正式规范的企业，往往会使员工陷入孤独与迷惘。

（2）"圈层"组织结构使得组织呈现出有机性。差序格局下组织呈现为"圈层结构"，尽管也按照职能、职位进行分工，然而，由于受到集体主义社会的影响，往往强调分工不分家，注重组织内部各个部门之间的分工与合作，使得组织呈现出了有机性，很大程度上克服了西方层级制"金字塔"结构的机械性。西方组织绝大部分设计为"金字塔"结构，按照职能、职位分为不同的部门和等级，各司其职、各负其责，结构相对固定。面对相对稳定的外部环境时，容易达到高效率；面对相对不稳定的环境时，组织缺乏灵活性，显得僵硬。中国是典型的集体主义社会，世界上绝大多数人都生活在群体利益高于个人利益的社会里。我们把这样的社会称为集体主义社会，这一传统深深地影响着中国组织，组织内部更强调整体利益，使得部门之间可以相互协调、整合，组织改变了机械性，呈现出了有机性。组织的有机形式能够适应不断变化的环境，在这种环境中，不断产生新的问题和不可预测的需求。近年来，西方学者提出了层级制的替代性组织——"网络型组织"，这种结构与中国"圈层"组织结构之间有着很多类似之处。“网络型组织”是作为“金字塔”式组织的替代性组织而出现的，强调组织的扁平化、有机性，并代替层级制组织的机械性、非人性化。显然，在人性化、有机性等方面，中国组织的“圈层结构”具有很大优势。

（3）正式组织的非正式性使得管理柔性化。在中国组织中，正式组织呈现出了非正式性，更多地强调关系而非规章制度，使得管理更加人性化、柔性化。“圈内人”和“圈外人”的划分，使得规章制度并不能一视同仁地严格执行，而是对“圈内人”采取含蓄、弹性、灵活的管理方式。与建立在个体主义基础上的西方组织相比，在运行上存在着诸多差异。西方组织一般采用刚性管理模式，严格按照规章制度进行管理，缺乏人情味。而中国组织中，比较重视关系、人情，管理更加符合人性，相对柔性化。从组织结构上看，西方典型的“金字塔”式等级链结构，是严格按照职能、职位进行分工，比较强调责任和社会分工；而“圈层结构”尽管也强调分工和责任，然而，它更多的是强调和谐与合作。无论是在组织结构还是管理模式上，西方重科学，采用刚性管理方式，中国重人性，采用柔性管理方式。

三、差序格局下组织行为管理策略

受到差序格局下社会心理、运行机制的影响，中国组织的结构和运行方式都呈现出自身的特点。如何在中国文化的特殊情境下和组织结构下展开管理，发挥其人情、关系所带来的优势，避免其所引起的问题，始终是国内外学者关注的焦点。

（一）正视组织的非正式性，利用好关系的正效应

组织内外关系的嵌入，使得正式组织呈现出了非正式性。组织内的“圈子”存在着各自的利益诉求，他们以人际关系作为纽带而凝聚在一起，当“圈子”的利益与组织不一致时，会产生对抗状态，影响到组织目标的实现。然而，关系也存在着正效应，它是员工沟通的重要渠道。如果充分利用，可以促进组织沟通，保持组织的凝聚力。人际关系纽带最容易创造沟通的条件——下达命令和互相支持的机会，从而形成所有正式组织的运行都离不开非正式组织的基础。组织中的拟亲缘关系以及交往方式，有利于领导与员工、员工与员工之间的沟

通，这种沟通相对于建立在规章制度之上的正式沟通而言，员工更加容易接受、更加有效。在西方社会，所有的正式组织中都存在着非正式组织。正式组织是保持秩序和一贯性所不可缺少的，而非正式组织则是提供活力所必需的。正式组织以效率为逻辑，而非正式组织则以情感为逻辑。中西方组织方面存在着很大的差别，西方组织以理性的规章制度将员工统一起来，非正式组织始终未取得支配地位。与此不同的是，中国的组织更多的是以情感为纽带，一定程度上满足了员工的情感需求，非正式性在组织中的作用更大。然而，由于内外关系的嵌入，使得组织运行中理性不足，管理中更多地强调柔性管理，对待员工不能一视同仁，以关系为基础差序对待，一定程度上导致规章制度不能严格执行。因此，在组织管理中，在利用关系正效应的同时，要提高管理的理性程度，使得管理更加科学、理性。

（二）重视管理公正性，提高员工公正感

组织公正感是指人们在组织中所体会到的公正感受。组织行为学家认为，“组织公平包括多种不同形式，即分配的公平、过程的公平、人际关系的公平以及信息的公平”。在差序格局下形成的组织中，组织分为“圈内人”和“圈外人”，前者获得较多的报酬和晋升机会，而后者则相对较少。在组织决策和信息获取方面，“圈内人”享有更多的决策权，获取更多的组织内部信息，而“圈外人”则相对比较少。在人际关系上，领导更信任与自己关系亲密的人，而“圈外人”则相对被疏远。组织拥有各种晋升、培训等机会一般会给予“圈内人”，而一些“组织边缘人”长期得不到应有的重视。组织是否公正影响着员工的积极性以及团队的凝聚力。如果员工认为自己受到不公平的对待，他们的反应将会消极，例如，工作努力程度下降，工作质量降低，甚至辞职后投诉公司等。组织公正与否受到三个方面的影响：组织公正性、组织公正感和员工对组织不公正的接受程度。组织公正性是指组织设计和运行可以一视同仁、平等地对待每一个员工，它是组织公正的客观方面；而组织公正感则不同，它是员工对组织是否平等地对待他们的一种主观的心理感受；不公正的接受程度是指员工在客观不公正的条件下，员工能否接受，如果接受，员工则继续付出。相反，则会使员工受到不公正待遇时，产生不满和怨恨。从差序格局下组织的运行方式上看，根据员工与权力中心的亲疏远近分为“圈内人”和“圈外人”，“圈内人”获得更多的报酬、享有组织更多的信息、能够得到领导更多的信任，同时享有更多的指定组织政策的权利；相反，“圈外人”则不可能享有这些权利。从组织公正性和公正感的角度看，对待员工“差序化”，亲亲相隐，并非公正地一视同仁。然而，传统文化强调顺从权威的垂直集体主义，这不仅减轻了员工因差别对待而产生的不公正感受，而且也提高了他们配合差序式领导风格的意愿。在中国传统文化下，给予“圈内人”更多机会、更多报酬，看作有人情味的表现，从员工对不公正的接受程度来看，对于这种由于关系、人情所引起的不公正，容忍程度相对较高。差序格局下组织存在的问题主要是以关系亲疏远近给予不同的人不同的机会，使得与组织管理者关系疏远的“组织边缘人”产生，并且“圈内人”比“圈外人”享有更多的机会。如何在以关系为本位的社会下，克服这种人际差异所带来的不公正现象，让“圈内人”和“圈外人”享有同等的机会，同时，对于那些没有关系的“组织边缘人”给予充分的照顾，让他们享有和“圈内人”同等的机会。在一定程度上，实现员工之间的公正性与以关系为本位的差序格局存在着根本性的价值冲突，如何实现对待员工的公正性、提高员工的公正感，始终是差序格局社会结构下必须面对的一个问题。

（三）重视规章制度的执行，采取刚柔并济的方式

中国社会建立在关系之上，随着社会变迁和城市化的加速。传统社会的血缘、地缘关系尽管日益式微，然而，这并不意味着关系、人情等潜在地影响着中国人行为准则的因素消失。组织中仍然存在着各种拟亲缘关系，这些关系使得管理者在执行规章制度时并非一视同仁，使得组织运行缺乏应有的公正性。具体而言，中国管理与西方管理存在着很大的差异，西方管理尤其是科学管理时期存在的问题主要是缺少人情关怀，强调规章制度的重要性，使得员工在组织中缺少安全感和归属感。然而，“差序格局”下的管理模式存在的问题则与之完全不同，组织管理模式建立在人情、关系之上，尽管能够满足一些人的情感需求，然而，没有严格的规章制度，很难保证组织按部就班地运转。严格的规章制度的执行是组织运行的依据，也是组织高效性、公正性的保障。在差序

格局社会结构下，强调规章制度能够克服由于人情、关系所引起的组织运行的随意性，也可以避免强调人情、关系而引起的组织运行的无序性，从根本上改变组织自发形成的“圈内人”“圈外人”和“组织边缘人”的差别对待，使得组织成员之间形成一种公平、公正的竞争态势，在同样付出的情况下，获取同样的报酬和晋升机会。同时，强调规章制度也可以改变组织运行的随意性，使得组织有章可循。不过需要注意的是，仅仅依靠组织的规章制度，或者说规章制度过分严格，往往也会对组织成员产生压力和不近人情的感觉，影响员工在组织中的情感满足和对组织的归属。因此，我们要在规章制度和差序格局下的人情、关系之间达到动态平衡，做到刚柔并济。一方面，使得组织按照规章制度来运行，达到组织理性地运行；另一方面，充分利用差序格局下人际运行的潜在的准则，诸如关系、人情，使得组织内部人与人之间关系和谐，提高员工对组织的归属感。

参考文献

[1]蒋双余,罗光丽,盘家玮.从组织行为学的角度研究员工关系管理的策略创新[J].中国商论,2021(11):135-139.

[2]任玉梅.人力资源管理与组织行为学应用分析[J].现代营销(经营版),2021(06):167-168.

[3]包艳,廖建桥,刘智强.新权力范式对组织行为管理的影响及对策研究[J].管理学报,2021,18(05):695-703.

[4]余宏光.基于创新导向，推进组织行为与人力资源管理[J].人力资源,2021(08):38-39.

[5]王媛,李锋.辱虐管理与员工离职倾向:有调节的中介模型[J].人类工效学,2021,27(02):33-38.

[6]魏秀丽,冉梦丽.角色理论视角下员工组织公民行为的影响因素研究[J].北方工业大学学报,2021,33(02):26-32+43.

[7]严宝平.艺术设计专业学生创作团队的组织与激励机制探索[J].科学咨询(教育科研),2021(04):60-61.

[8]公彦国.组织行为学在人力资源管理中的应用探析[J].商讯,2021(10):183-184.

[9]梁文富.组织行为学课程教学改革研究——以中北大学信息商务学院为例[J].教育观察,2021,10(06):23-25.

[10]郭一蓉,宋继文,郑晓明,等.组织管理中感恩研究述评:一个多层次的理论模型[J].管理评论,2021,33(01):188-200.

[11]王帅.组织行为学在企业人力资源管理中的应用[J].中小企业管理与科技(上旬刊),2021(01):41-42.

[12]于森洋,辛晓琪,胡迈文.组织及主管认同对新生代员工组织行为的影响研究——以互惠性情绪管理为调节变量[J].现代商业,2020(36):111-115.

[13]纪佳庆."组织行为学"打造员工管理峰值[J].现代商业银行,2020(23):58-61.

[14]朱飞,章婕璇,朱曦济.人力资源管理强度影响服务导向组织公民行为的实证研究——组织承诺的中介作用和象征性雇主品牌的调节作用[J].中央财经大学学报,2020(12):106-114.

[15]张磊磊.组织公民行为、社会资本与员工工作绩效关系研究[J].湖南工业大学学报(社会科学版),2020,25(06):63-70.

[16]王凯霞.人工智能等新兴技术对人力资源管理、组织行为的影响[J].佳木斯职业学院学报,2020,36(12):51-52+55.

[17]张煜婷.从组织行为学的视角探讨医院办公室管理工作[J].办公室业务,2020(22):8-9.

[18]饶兰.积极组织行为学中情绪管理对人力资源管理的优化思考[J].财经界,2020(33):247-248.

[19]程建荣.从组织行为学的角度探讨高校教育管理的有效性[J].农家参谋,2020(23):180+182.

[20]陈水斌.工作过程与人力资源管理专业核心课相融合的教学模式设计——以组织行为学课程为例[J].就业与保障,2020(19):101-104.

[21]史烽,刘琳,赵晓蕾.绿色人力资源管理对环保组织公民行为的影响[J].山东工商学院学报,2020,34(05):90-100.

[22]李萍.信息化应用为导向下企业管理会计组织行为探析[J].审计与理财,2020(10):35-36.

[23]王晓辰,石梦圆,张卉佳.组织公民行为到不道德行为的衍变——一个被调节的中介模型[J].财经论丛,2020(10):96-104.

[24]焦煦惠.新时代组织行为学研究领域探究[J].衡水学院学报,2020,22(05):113-116.

[25]唐和.工商管理课程思政分析——以组织行为学为例[J].作家天地,2020(16):154-155.

[26]尹洁林,王晶晶,廖赣丽.基于动态博弈的团队冲突管理行为分析[J].财会月刊,2020(15):102-107.

[27]李亚群.医学院校组织行为学教学案例本土化的探索与思考[J].卫生职业教育,2020,38(14):10-12.

[28]裴红灿.积极心理学运动对组织行为学及人力资源管理的影响[J].人才资源开发,2020(14):35-36.

[29]高伟明.基于积极组织行为的物流企业6S精益管理纵向实证研究[J].北京交通大学学报(社会科学版),2020,19(03):121-128.